유 네 스 코 지 정
한국문화유산

유 네 스 코 지 정
한국문화유산

초판 1쇄 인쇄 2005년 4월 15일
초판 1쇄 발행 2005년 4월 20일

지은이 | 김연경
사 진 | 문홍일
펴낸이 | 김재광
펴낸곳 | 도서출판 솔과학
주 소 | 서울시 종로구 청진동 296-1 영한빌딩 6층
전 화 | 82-2(02)725-8655
팩 스 | 82-2(02)725-4656
출판등록 | 1997년 2월 22일(제10-104호)

ISBN 89-87794-77-6 03380

책값은 뒤표지에 있습니다.
잘못 만들어진 책은 구입처나 본사에서 교환해 드립니다.

유 네 스 코 지 정
한국문화유산

김연경 글, 문홍일 사진

유구한 역사와 민족의 긍지를 자랑으로 생각하고 있는 우리민족은 우리의 언어와 문자인 한글 등 우수한 민족문화를 가지고 있다. 세계에 광고 홍보 기획의 마당인 유네스코 세계문화유산기구에 우리 한민족의 찬란한 자주적 주체성을 세계에 보여주게 되었다. 유네스코에서는 인류의 문화유산이나 지구의 자연유산 가운데 세계적인 가치가 있는 것들만 선정하여 매년 세계문화유산으로 지정하여 오고 있다. 세계인류가 지구의 보물인 소중한 문화유산들을 보존하여, 후손들에게 물려주기 위해서이다.

Cultural Heritage of Korea

솔과학
Solkwahak

| 추천사 |

　　유구한 역사와 민족의 긍지를 자랑으로 생각하고 있는 우리민족은 우리의 언어와 문자인 한글 등 우수한 민족문화를 가지고 있다. 세계에 광고 홍보 기획의 마당인 유네스코 세계문화유산기구에 우리 한민족의 찬란한 자주적 주체성을 세계에 보여주게 되었다. 유네스코에서는 인류의 문화유산이나 지구의 자연유산 가운데 세계적인 가치가 있는 것들만 선정하여 매년 세계문화유산으로 지정하여 오고 있다. 세계인류가 지구의 보물인 소중한 문화유산들을 보존하여, 후손들에게 물려주기 위해서이다.

　　세계문화유산은 인류의 역사를 잘 나타내는 문화유산과 자연의 역사를 잘 나타내는 자연유산, 그리고 인류의 자연의 역사를 나타내는 복합유산으로 나누어진다. 우리나라는 유네스코의 세계문화유산에 1988년에 가입하였다. 세계문화유산은 후손들에게 물려주는 것도 중요하지만 인류의 불행한 역사가 다시는 되풀이되지 않도록 해야 하기 때문이다.

기나긴 역사와 민족의 긍지를 자랑으로 생각하고 있는 우리 한민족은 우수한 민족문화를 가지고 있다. 세계에 광고 홍보기회의 마당인 유네스코 세계문화유산으로 우리 한민족의 힘있는 찬란한 과학 기술의 자주적 주체성을 세계에 보여주게 되었다.

여기에 수록된 유네스코 지정 한국문화유산 제1집(1995-2001)은 그동안 지정된 한국문화유산으로 사진과 함께 소개하였다.

이러한 시점에서 본서는 한국문화유산과 관련된 초·중·고교, 숙제와 과제, 대학 리포트, 일반인의 관광 문화답사에 크게 도움이 될 수 있는 자료라고 확신하며 이 책을 추천하는 바이다.

2005. 4

중앙대학교 사학과 교수/문학박사　박 경 하

| 머리말 |

한국문화유산 Cultural Heritage of Korea · 세계문화유산

유구한 역사와 민족의 긍지를 자랑으로 생각하고 있는 우리민족은 우리의 언어와 문자인 한글 등 우수한 민족문화를 가지고 있다. 세계에 광고·홍보·기회의 마당인 유네스코 세계문화유산기구에 우리 한민족의 힘있는 찬란한 자주적 주체성을 세계에 보여주게 되었다.

유네스코에서는 인류의 문화유산이나 지구의 자연유산 가운데 세계적인 가치가 있는 것들만 선정하여 매년 세계문화유산으로 지정해 오고 있다. 세계인류가 지구의 보물인 소중한 문화유산들을 보존하여, 후손들에게 물려주기 위해서이다.

세계문화유산은 인류의 역사를 잘 나타내는 문화유산과 자연의 역사를 잘 나타내는 자연유산, 그리고 인류의 자연의 역사를 나타내는 복합유산으로 나누어진다. 우리 나라는 유네스코의 세계문화유산에 1988년에 가입하였다. 세계문화유산은 후손들에게 물려주는 것도 중요하지만 인류의 불행한 역사가 다시는 되풀이되지 않도록 해야하기 때문이다.

우리민족은 기나긴 역사와 민족의 긍지를 자랑으로 생각하고 있는 우리 한민족은 우수한 민족문화를 가지고 있다. 세계에 광고 홍보기회의 마당인 유네스코 세계문화유산으로 우리 한민족의 힘있는 찬란한 과학. 기술의 자주적 주체성을 세계에 보여주게 되었다.

여기에 수록된 한국문화유산은 제1집(1988-2001)으로 그동안 지정된 한국문화유산으로 사진과 함께 소개하였다.

이 책이 만들어지기까지 여러모로 많은 도움을 주신 중앙대학교 사학과 박경하 교수님, 문헌정보학과 남태우 교수님, 오정권 작가님, 김영안, 문홍일, 이상동, 박영수, 김승환 선생님에게 진심으로 감사의 말씀을 드린다.

2005. 4.

김 연 경

문화유산헌장

문화유산은 우리겨레의 삶의 예지와 숨결이 깃들여 있는 소중한 보배이자 인류문화의 자산이다. 유형의 문화재와 함께 무형의 문화재는 모두 민족문화의 정수이며 그 기반이다. 더욱이 우리의 문화유산은 오랜 역사 속에서 많은 재난을 견디어 오늘에 이르고 있다. 그러므로 문화유산을 알고 찾고 가꾸는 일은 곧 나라 사랑의 근본이 되며 겨레 사랑의 바탕 된다. 따라서 온 국민은 유적과 그 주위 환경이 파괴. 훼손되지 않도록 노력하여야 한다. 문화유산은 한번 손상되면 다시는 원상태로 돌이킬 수 없으므로 선조들이 우리에게 물려준 그대로 우리후손에게 온전하게 물려줄 것을 다짐하면서 문화유산헌장을 제정한다.

1. 문화 유산은 원래의 모습대로 보존되어야 한다.

1. 문화 유산은 주위환경과 함께 무분별한 개발로부터 보호되어야 한다.

1. 문화 유산은 그 가치를 재화로 따질 수 없는 것이므로 결코 파괴·도굴되거나 불법으로 거래되어서는 안 된다.

1. 문화 유산보존의 중요성은 가정·학교·사회 교육을 통해 널리 일깨워져야 한다.

1. 모든 국민은 자랑스러운 문화유산을 바탕으로 찬란한 민족 문화를 계승·발전시켜야 한다.

1997년 12월 8일

목 차

추천사 _4
머리말 _6
문화유산 헌장 _8

1. 세계문화유산이란? _12

2. 세계문화유산의 종류 _14

3. 세계문화유산의 지정기준 _15

4. 불국사와 석굴암(불국사, 다보탑, 석가탑, 석굴암) _20

5. 해인사 장경판고 와 팔만대장경 _37

6. 창덕궁과 종묘 _41

7. 경주 역사 유적지구 _46

    (남산지구, 월성지구, 대릉원지구, 황룡사 지구, 산성지구)

8. 수원의 화성 _62

9. 고인돌 유적(고창, 화순, 강화) _73

10. 세계기록유산(문헌자료유산) _100

    (직지심경, 조선왕조실록, 훈민정음, 승정원일기)

11. 세계무형유산(종묘제례 및 종묘제례악) _116

연습문제 _119

12. 세계유산한국 잠정목록 _120

참고문헌 _128
부록 : 지열 오정권 작서 _129

1. 세계문화유산이란?

　　세계유산이란 유네스코(UNESCO : 국제연합교육과학문화기구)가 1972년 11월 제17차 총회에서 채택한 세계문화유산 및 자연유산의 보호에 관한 협약 에 따라 지정한 유산이다. 인류문명사와 자연사에 있어 매우 중요한 의미가 있는 이 세계유산은 전세계가 함께 보존하여 후손에게 물려주어야 할 인류공동의 재산이다.

　　세계유산으로 지정되기 위해서는 우선 세계유산협약 에 가입해야 한다. 그런 다음 자기나라의 유산을 세계유산위원회에 신청하면 세계유산위원회는 엄격한 현장답사와 심사를 거쳐 매년 12월에 열리는 정기총회에서 세계유산을 지정한다. 세계유산으로 지정되면 유산의 훼손방지와 영구보존을 위해 전문기관의 기술자문과 유네스코의 재정지원을 받을 수 있다.

우리나라는 1988년에 조약에 가입하였으며 2001년 불국사, 석굴암, 해인사 장경판고와 팔만대장경(국보 제52호), 창덕궁(사적 제122호), 종묘(사적 제125호), 경주역사유적지구(남산지구 · 월성지구 · 대릉원지구 · 황룡사지구 · 산성지구), 수원화성(사적 제3호), 고인돌유적(고창 · 화순 · 강화), 직지심경, 조선왕조실록(국보 151호), 훈민정음(국보 70호), 승정원일기(국보 303호)등 모두 12점이 세계유산으로 지정되어 있다.

2. 세계문화유산의 종류

　세계유산은 문화유산과 자연유산, 복합유산으로 나누어진다. 이 가운데 문화유산은 건축물이나 성곽, 탑 등 인간에 의해 만들어진 움직일 수 없는 문화재를 말한다. 이집트 문명의 자랑이자 인류문명의 첫 번째 수수께끼인 피라미드, 그리스 문명의 상징인 아크로폴리스, 세계 7대 불가사의의 하나인 중국의 만리장성, 불교문화의 정수인 인도의 아잔타석굴, 선사시대의 유적인 에스파냐의 알타미라동굴벽화 등이 대표적인 문화유산이다. 자연유산은 자연 그대로의 상태가 잘 보존되어 있는 곳과 독특한 지형, 희귀한 동식물이 사는 곳을 말한다. 히말라야 산맥의 에베레스트산, 찰스 다윈이 진화론을 연구한 갈라파고스섬 등이 여기에 속한다. 복합유산은 문화와 자연 두 가지 요소를 모두 가지고 있는 것으로 잉카문명의 유적인 페루의 마추픽추 등이 여기에 속한다.

3. 세계 문화유산의 지정기준

세계유산은 엄격한 기준에 따라 지정되는데, 다음 조건 중 한 가지 이상의 조건을 만족시켜야 세계유산으로 지정받을 수 있다.

문화유산 지정기준

① 인류의 창조적 재능을 나타낸 걸작.
② 일정한 시간동안, 혹은 하나의 문화권 안에서 건축과 그 기술, 기념물과 그 예술성, 도시계획, 환경설계 등의 발전에 큰 영향을 끼친 유산으로 인간 사이의 중요한 교류를 나타낸 것.
③ 현재 남아 있거나 사라진 문명과 문화적 전통의 증거가 되는 유

산으로 독특하거나 희귀한 것.

④ 뛰어난 건축양식, 기술, 경관 등 인류역사의 중요한 발달단계를 보여주는 것.

⑤ 하나 또는 둘 이상의 문화를 대표하는 전통적인 주거 형태나 토지 이용의 좋은 보기이며 특히 역사의 흐름에 따라 그 보존이 위태로운 것.

⑥ 전세계적인 의미를 가진 사건이나 전통, 사상, 신앙, 예술 및 문학작품 등과 직접적으로 또는 실질적으로 관련이 있는 것.

자연유산 지정기준

① 지구역사의 중요한 단계를 나타내는 보기로서, 생명진화와 지형 형성의 과정을 뚜렷이 나타내는 것.

② 육, 민물, 연안, 바다 등의 생태계와 동식물 군락지 중에서 생태학적. 생물학적 진화과정을 뚜렷이 나타내는 것

③ 빼어난 아름다움을 지닌 지형과 자연현상, 초원처럼 대규모동물 집단이 살거나, 밀림처럼 식물들로 뒤덮여 있는 자연과 그 지역.

④ 학술상 · 보존상으로 세계적인 가치를 지닌 멸종위기의 동식물

종을 포함해서 생물의 다양성을 보존할 수 있는 중요하고 뛰어난 자연서식지.

세계기록유산

도서관 및 고문서보관소 등에 보관된 인류의 기록물을 보존하고 신기술의 응용을 통해 값진 소장문서를 세계적으로 보존·경유하기 위해 유네스코에서 1992년부터 추진하여 1997년부터 사업을 실시하였다.

전세계의 고문서 등 귀중한 기록물을 2년마다 지정하고 있다. 한국은 직지심경, 조선왕조실록, 훈민정음, 승정원일기 등이 세계기록유산으로 지정되어 있다.

세계무형유산

세계무형유산은 소멸위기에 처한 인류구전 및 무형유산을 걸작으로 선정하여 각국의 문화적 다양성과 전통성을 보존하기 위해 유네스코에서 1998년부터 추진하고 있는 사업이다. 2년마다 인류 공동으로 보호해야 할 구전 및 무형유산을 지정하고 있다. 세계무형유산이란 언어, 문학, 음악, 춤, 놀이, 의식, 공예 등 인간의 창조적 재능의 걸작으로서 뛰어난 가치를 지닌 문화사회의 전통에 근거한 구전 및 무형유산으로서, 이의 선정을 통해 동 유산의 우수성을 국내외에 홍보하고, 정부, 비정부 기관 등으로 하여금 동 유산을 확인. 보호. 증진하도록 고무하며, 그에 대한 공공의 인식을 제고할 수 있다.

백제금동대향로

높이62.5cm. 최대 지름 19cm. 국립부여박물관 소장

동아시아 향로사 에서도 탁월한 걸작으로 평가받을 만큼 뛰어난 조형성과 상징체계를 갖고 있다. 우리 민족문화의 걸작으로 꽃이라고 할 수 있으며, 세계에 보여주어야 한다.

부여 능산리 유적지에서 1993년 12월에 발굴된 백제대향로는 백제의 유물사 뿐만 아니라 우리의 고대문화 연구에 획을 긋는 중요한 문화재라고 할 수 있다. 백제대향로는 백제인들의 세계관, 우주관, 신령관만이 아니라 고대 동북아인들의 세계관, 우주관, 신령관등을 연구하는데 매우 중요한 단서들을 제공하고 있으며, 고구려 고분벽화와는 서로 보완적인

관계에 있다고 할 만큼 문화적 연속성을 보이고 있다.

 성왕 때 사비천도를 준비하면서 국가적 사업의 일환으로 제작된 이 향로의 제작연대는 520년대 후반에서 530년대 전반기 사이로 추정된다. 이 향로는 천도와 함께 사비에 세워진 신궁(神宮)에 봉안하기 위해 제작된 것으로 생각되며, 향로가 발굴된 부여 능산리 유적지는 본래 사비의 신궁이 있었던 곳으로 생각된다. 이곳이 백제의 신궁이 있던 곳이라는 것은 이곳 강당 자리의 본실 중 서실의 초석배치와 일치하는 점, 그리고 동실의 기단이 고상식 건물의 초석 형태를 보이는 점 등을 통해서 알 수 있다.

 이 신궁은 성왕 말기에 있었던 제사체계의 변화로 한때 방치되기도 했지만 위덕왕 때 신불양립의 정책에 따라 567년 신궁사로 개편되었으며, 백제대향로는 이곳 신궁에서 계속 사용되다가 백제가 멸망할 때 부속건물 중 하나인 공방터의 수조에 황급히 매장된 것으로 생각된다.

백제금동대향로

국보 287호
높이 62.5cm, 최대 지름 19cm, 국립부여박물관 소장
뛰어난 조형미는 우리 민족문화의 걸작으로 꽃이라고 할 수 있으며, 세계에 보여주어야 한다.

4. 불국사와 석굴암(사적 명승 1호, 국보 제24호)

불국사(사적 명승1호) 1995년 세계문화유산 등록

　경상북도 경주는 불교가 번성하였던 신라의 옛 수도로, 수많은 유적과 유물을 간직하고 있다. 대한불교조계종 제11교구 본사이다.
　불국사는 경상북도 경주시 동쪽 토함산 중턱에 위치하고 있다. 불국사가 대찰이 된 것은 김대성에 의해서 였다. 「삼국유사」에는 김대성이 현세의 부모를 위해서 이 절을 창건 하였다고 한다. 그러나 이 절은 751년에 공사를 시작하여 774년(혜공왕10) 12월에 그가 목숨을 마칠때까지 완공을 보지 못하였으며 그 뒤 국가에서 완성시켰다. 따라서 이 절은 김대성 개인의 원하는 사찰 이라기 보다는 국가의 원찰로 건립되었다는 설이 지배적이다. 751년(경덕왕10)에 김대성(金大成)(의 발원으로 창건하였다고 한다. 현재의 목조건물은 조선 영조 때 모두 다시 세운 것이다. 그러나 석조물은 창건당시의 것이다. 다보탑(국보20호). 석가탑(국보21호), 연화교. 칠보교(국보22호). 청운교. 백운교(국보23호)등 국보와 기타 많은 귀중한 문화재가 있다. 경역 전체가 사적 및 명승 제1호로 지정되었으며 1970-1972년 정부보조로 복원공사하여 옛날의 웅장한 모습을 재현시켰다.

불국사는 평지보다 높게 쌓은 석축위에 세워진 절이기 때문에 대웅전으로 들어가려면 계단을 올라가야 한다. 아래쪽 18계단을 백운교 위쪽의 16계단을 청운교라고 부른다.

대웅전 마당에는 너무나도 유명한 다보탑과 석가탑이 나란히 서 있다. 다보탑은 돌로 만들었다고 믿을 수 없을 만큼 정교하고 아기자기한 탑이다. 돌을 마치 흙을 주무르듯 다듬어 쌓아 놓은 모습이 화려하고 아름답다.

이와 반대로 석가탑은 땅에 뿌리내린 듯한 안정감과 위로 솟아오를 듯한 상승감을 동시에 느끼게 하는 탑으로 완벽한 통일신라 3층 석탑의 아름다움을 보여 주고 있다. 석가탑 안에서 발견된 무구정광대다라니경은 목판으로 찍은 인쇄물 가운데 세계에서 가장 오래된 것으로 국보로 지정되었다.

불국사가 지어질 무렵 신라는 어떤 모습이었을까

신라의 경덕왕은 많은 신하들을 모아놓고 회의를 하고 있었소. 신라가 삼국통일 이룬 지도 벌써 80년이 흘렀소. 그 동안 백제와 고구려를 합해 더욱 강한 나라로 만드는데 온 정성을 다해 지금 신라는 그 어느때 보다도 강한 나라가 되었소. 그런데 무언가 모자란 듯하니 어찌된 일인지 모르겠소.

경덕왕은 근심스러운 얼굴로 신하들에게 물었다. 전하 전하의 말씀대로 지금 신라는 그 어느 때보다 강합니다. 그리고 백성들의 생활도 풍요롭고 안정되어 있습니다. 그러니 걱정하지 마십시오. 신하의 말을 들은 경덕와은 고개를 저었다.

백성들이 살기 좋아진 것은 다행한 일이오. 하지만 삼국통일을 이룰 때처럼 백성들의 마음이 하나가 되어야 하오. 전하의 말씀이 옳습니다. 이제 신라가 얼마나 강한 나라가 되었는지 백성들에게 보여주고 백성들의 마음을 다시 한번 모아야 합니다. 무슨 좋은 방법이 없겠소? 왕과 신하들은 한참을 고민했다. 그때 한 신하가 말했다. 전하, 절을 짓는 것이 좋을 듯 싶습니다. 이제까지 보지 못했던 아름답고 큰절을 짓는 것입니다. 그러면 백성들도 나라의 힘이 얼마나 강한지 알게 되고 자부심을 가질 것입니다.

왕은 무릎을 치며 기뻐했다. 아주 좋은 생각이구려. 크고 아름다운 절을 짓도록 하시오. 경덕왕은 온 나라의 힘을 모아 불국사와 석굴암을 만들도록 했다. 경덕왕은 불국사와 석굴암을 만들어 통일신라가 얼마나 강한 나라인가를 나라 안팎에 널리 알리려고 했던 것이다.

아사달과 아사녀 이야기

옛 백제 땅에 살던 아사달은 탑을 만드는 솜씨가 뛰어났다. 그래서 불국사의 탑을 만들기 위해 고향에 아내 아사녀와 병든 장인을 두고 경주로 오게 되었다. 아사달은 하루빨리 탑을 완성하고 아내가 기다리는 고향으로 돌아가고 싶었다. 하지만 탑 만드는 일은 완성하고 아내가 기다리는 고향으로 돌아가고 싶었다. 하지만 탑 만드는 일은 생각처럼 빨리 끝나지 않았다. 한편 고향에 남아 있던 아사녀는 아버지가 돌아가신 뒤, 그리운 남편을 찾아 경주로 왔다. 하지만 아사녀는 불국사 안으로 들어갈 수 없었다. 저는 석공 아사달의 아내입니다. 부디 남편을 만나게 해 주세요. 안 됩니다. 탑이 완성될 때까지 여자는 절 안으로 들어갈 수 없습니다. 스님은 아사녀의 앞을 막았다. 아사녀는 며칠을 절 문 앞에서 서성거렸다. 매일 절 문 앞에서 남편을 기다리는 아사녀를 본 스님이 말했다.

남편을 만나고 싶으면 저 산 아래 연못에 가서 기다리시오. 온 마음을 다해 기도한다면 탑이 만들어지는 대로 연못에 탑의 그림자가 비칠 것이오. 아사녀는 스님의 말을 믿고 연못 근처에서 몇 달을 지내며 탑 그림자가 비치기만을 기다렸다.

오늘도 그림자가 비치지 않네. 아사녀는 연못을 들여다보며 한숨을 쉬었다. 다시 절로 가 볼까? 지금쯤 탑이 다 완성되었을지도 모르니……. 절 쪽을 바라보던 아사녀는 고개를 저었다. 아니야. 절에 찾아간다고 해도 남편을 만날 수 없을 거야. 아사녀의 눈에는 금세 눈물이 고였다. 이제 고향으로 돌아갈 힘도 없고, 탑 그림자는 여전히 비치지 않으니 어쩌면 좋을까?

아사녀에게는 더 이상 남편을 기다릴 힘이 없었다. 기다리다 지친 아사녀는 신발을 연못가에 가지런히 벗어 놓고 천천히 연못 속으로 걸어 들어갔다.

아사녀가 연못에 빠져 죽은 며칠 뒤 아사달은 탑을 완성했다. 아사달은 아내가 기다린다는 말을 듣고 연못으로 달려갔다. 아사녀! 아사녀! 이제 탑을 다 만들었소. 우리 함께 고향으로 돌아갑시다. 아사달은 큰 소리로 아사녀를 불렀지만 아무 대답이 없었다. 아내의 죽음을 알게 된 아사달은 연못가의 돌에 아내의 모습을 새기기 시작했다. 아내의 모습을 다 새긴후 아사달은 홀연히 연못을 떠나 버렸다.

이때부터 사람들은 이 연못을 그림자 못이라는 뜻으로 '영지??라 불렀다. 그리고 끝내 그림자를 비추지 않았던 석가탑을 ??무영탑?? 이라고 부르기 시작했다. 무영탑이란 그림자가 없는 탑이란 뜻이다.

석굴암(국보 제24호) 1995년 세계문화유산 등록

경상북도 경주시 진현동 토함산 산정 동쪽에 있는 사찰·대한불교조계종 제11교구 본사인 불국사의 부속 암자이다.

석굴암은 토함산에 있는 석굴사원으로 옛날에는 석불사라 하였고 751년(경덕왕15)에 의하여 창건되었다. 김대성이 지었다.

본존상과 둘레의 벽에 조각된 보살상, 제자상 등이 더할 나위 없이 아름다워 세계적으로 예술성을 높이 평가받고 있다.

석굴암에 관한 가장 오래된 문헌으로 일연의 삼국유사 권5「대성효이세부모신문왕대」를 들 수 있다. 그 중에서 석굴암의 창건에 관한 기록을 보면, 김대성은 현세의 부모를 위하여 불국사를 세우고 전생의 부모를 위하여는 석불사를 세워서 신림(神琳)과 표훈(表訓)을 청하여 각각 머무르게 하였다. 그리고 석불을 조각하려고 큰 돌 한 개를 다듬어 감개(감실을 덮는 천장돌)를 만드는데 돌이 문득 세 조각으로 갈라졌다. 이에 분노

하다가 그 자리에서 잠들었는데, 밤중에 천신이 내려와 제모습대로 만들어 놓고 돌아갔으므로 일어나 남쪽 고개에 급히 올라가 향나무를 태워 천신(天神)을 공양하였다고 한다. 석굴암은 신라인의 믿음과 슬기로 만들어진 찬란한 문화의 금자탑이다. 그것은 비단 미학적인 차원에서 뿐만 아니라, 그러한 걸작을 이룩하게된 신라인의 민족혼이 내재되어 있다는 점에서 더욱 관심을 모은다. 석굴암은 신라인의 신앙의 소산이며, 치정자와 백성이 혼연일치된 민족정신의 응결체이다.

석굴암 답사

석굴암을 찾아가면 먼저 석굴암 앞에 자리잡은 기와집을 만나게 된다. 그 기와집 안에 들어가 유리창을 통해 석굴암안을 들여다 볼 수 있다. 이 기와집은 최근에 석굴암을 보호하기위해 만든 것이다.

돌을 다듬어 벽과 둥근 지붕을 만들고 그 위에 흙을 덮어 석굴암은 마치 굴처럼 보인다.

석굴암의 특이한 모양과 아름다운 조각상은 그 어느 나라에서도 찾아볼수 없는 빼어난 솜씨를 보여주는 동시에 엄숙하고 조화로우며 인간적인 숨결을 느끼게 한다. 또 일제가 손대기전 1000년 동안은 석굴 안에 물방울 하나, 이끼하나 끼지 않았을 만큼 과학적으로 만들어진 것이기도 하다.

이렇듯 석굴암의 뛰어난 아름다움과 과학 기술은 세계를 놀라게 했다. 석굴암은 크게 세 부분으로 나누어지는데 앞부분의 네모난 공간은 전실, 뒷부분의 둥근 부분을 주실이라고 부른다. 전실과 주실을 연결하는 짧은 복도부분은 비도이다. 전실과 주실, 비도의 벽에는 모두 조각이 되어 있다.

전실의 벽에는 모두 10개의 조각상이 새겨져 있다. 주실은 본존불을 중심으로 둥글게 벽을 만들고, 천장도 둥글게 만들었다. 주실에는 전체 높이 5m의 본존불이 연꽃잎을 엎어 놓은 듯한 단 위에 앉아 있다. 새하얀 화강암을 깎아 만든 본존불은 전체적인 균형이 완벽하고 마치 살아 있는 듯 생명력이 느껴진다. 게다가 보일 듯 말 듯 한 미소와 근엄한 눈빛은 진짜 부처님을 만나는 듯하다.

부처님의 광배도 눈여겨볼 만하다. 광배란 부처님의 머리 주위에 나타나는 둥근 빛이다. 본존불의 광배는 머리뒤 벽면 중간부분에 조각되어 있다. 광배를 살펴보면 광배 주위에 새겨진 연꽃잎의 크기가 다르다는 것을 알 수 있다. 위쪽에 조각된 연꽃잎은 크지만 아래로 내려올수록 연꽃잎의 크기가 작아진다.

어떤 대상을 올려다볼 경우 같은 크기임에도 아래쪽의 것은 크고 위의 것은 작게 느껴진다. 따라서 아래쪽의 연꽃잎을 작게 만든 것은 기도하는 사람이 아래에서 올려다볼 때 꽃잎의 크기가 같아 보이게 하기 위해서이다.

주실의 둥근 벽에도 15개의 조각상이 새겨져 있다. 이 조각들은 금방이라도 걸어나올 것처럼 정교하고, 바람이 불면 옷깃이 흩날릴 것처럼 섬세하다. 이런 조각 하나하나가 모여 석굴암을 세계최고의 문화유산을 만든 것이다.

조각이 새겨진 벽 위에는 감실이라는 작은 방이 있다. 모두 10개의 감실 중 8개의 감실 안에는 부처상이 놓여 있다. 일제 시대에 조각상 두

개를 도둑맞는 바람에 감실 두 곳은 비어 있다.

불국사와 석굴암을 만든 김대성

불국사와 석굴암은 각각 현생의 부모와 전생의 부모를 위해 김대성이 창건했다고 전해진다. 모량리에 사는 대성은 어머니와 단둘이 살았다. 대성은 가난하여 남의 집 머슴 일을 했다. 몇 년을 열심히 일한 끝에 대성은 작은집과 밭을 조금 얻게 되었다. 대성아, 네가 열심히 일한덕에 우리도 이제 밭을 갖게 되었구나. 그 동안 고생이 많았다. 어머니는 대서의 손을 쓰다듬으며 말했다. 아니에요, 어머니. 좀더 열심히 일해 어머니를 더욱 편히 모시겠어요.

그러던 어느 날 대성은 한 스님을 만나게 되었다. 스님은 두 손을 모으고 공손히 고개를 숙여 절을 한뒤 말했다.

하나를 부처님께 바치면 부처님의 보호를 받고 만 배의 기쁨을 얻을 것입니다. 스님의 말을 들은 대성은 깊이 생각했다. 그리고는 어머니께 이렇게 말했다. 어머니, 우리가 이렇게 가난하고 힘들게 사는 것은 전생에 좋은 일을 하지 않아서입니다. 지금 부처님께 아무것도 바치지 않는다면 다음 세상에는 더 가난하게 살게 될 것입니다.

대성의 말을 들은 어머니는 고개를 끄덕였다. 그래, 네 말이 옳다. 지금 우리가 좋은 일을 하면 분명히 다음 세상에는 복을 받을 것이다. 이렇게 해서 대성과 어머니는 어렵게 장만한 집과 밭을 부처님께 바쳤다. 그런데 그 후 얼마 지나지 않아 대성은 죽고 말았다. 대성이 죽은 날 밤 재상 김문량의 집에 이상한 일이 생겼다. 갑자기 지붕 위에서 큰소리가 들리는 것이었다.

모량리에 살던 대성이라는 아이가 너희 집에 다시 태어날 것이다. 이 일이 있은 뒤 김문량의 아내는 아들을 낳았다. 아이는 왼손에 대성 이라는 두 글자 가 새겨진 쇠붙이을 쥐고 태어났다. 김문랴은 아이의 이름을 김대성이라 짓고 모량이에 사는 대서의 전 어머니까지 모셔야와 함께 살았다.

부잣집 아들로 태어난 대성은 부족한 것 없이 하루하루를 편히 지낼 수 있었다. 어른이 되어 김대성은 어느 날 토함산으로 사냥을 나갔다. 대성은 그날 큰 곰을 잡아 기뻐하며 잠이 들었다. 그런데 꿈에 그날 잡은 곰이 나타나 눈물을 흘리며 말했다. 네가 감히 생명을 함부로 죽이다니? 하늘 무서운 줄을 잊었던 말이냐? 예전에는 가진 것을 모두 부처님께 바쳐 덕을 쌓더니 이제는 생명을 뺏는구나. 깜짝 놀라 잠에서 깬 대성은 크게 뉘우쳤다.

내가 부처님의 은공을 잊고 생명을 함부로 해쳤구나. 이 죄를 갚아

야겠다. 김대성은 자신의 죄를 씻기 위해서는 다시 부처님께 덕을 쌓아야 한다고 생각했다. 그래서 지금의 부모를 위해서는 불국사를 짓고, 모량리에서 함께 살았던 어머니를 위해서는 석굴암을 지었다고한다.

석굴암 안에 있는 조각상들은 무엇일까

　석굴암에는 여래, 보살, 나한 등 많은 조각상들이 있다. 불상은 어떤 인물을 나타내느냐에 따라 불타, 보살, 천, 나한으로 나누어진다. 먼저 불교의 창시자인 석가모니의 모습을 본따 만든 불상은 불타 또는 여래라고 부른다. 여래는 진리를 깨달은 모든 사람 이라는 뜻을 가지고 있다. 석굴암의 주실에 있는 본존불이 바로 석가여래에 속한다. 이 밖에 아미타불(여래), 비로자나불, 약사불 등이 불타의 상이다.
　보살은 불교의 진리를 깨닫고 실천하는 이로 부처의 경지에 올랐지만 중생을 돕기 위해 부처가 되는 것을 잠시 미루어 둔 사람이다. 숄 같은 것을 상체 슬쩍 두루고 밑에는 치마를 입어 남자인지 여자인지 언뜻 구분이 안가는 중성적 느낌을 준다. 손에 연꽃이나 병, 구슬 등을 들고 있는 경우가 많으며 문수보살, 보현보살, 관음보살, 미륵보살 등이 보살에 속한다.

나한은 부처님을 따르는 제자와 덕이 높은 스님들을 나타낸 불상이다. 부처님의 열 제자는 주실에 조각되어 있다.

천은 불교를 수호하는 신들이다. 팔부중과 범천, 제석천, 사천왕, 인와은 모두 천에 속한다. 이들은 원래 인도의 악귀였지만 부처님의 가르침으로 불법을 지키는 일을 하게 되었다. 절의 입구에는 무서운 얼굴을 하고 손에 무기를 든 네 개의 조각상이 서 있는데 그 조각상들이 바로 천중의 하나인 사천왕상이다. 전실과 비도에 조각된 이 천들은 석굴암을 지키는 수호신들이다.

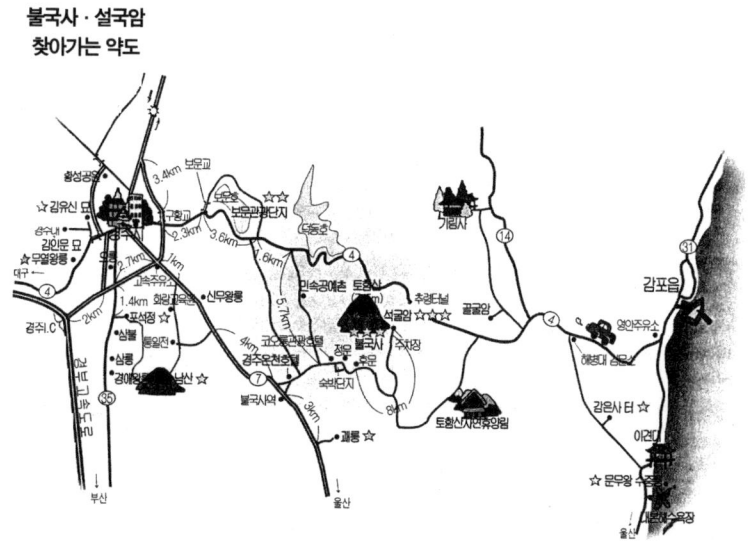

기록을 통해 본 유물

　　지금까지 살펴본 유물들 말고도 「불국사고금역대기」에는 단편적이나마 중요한 사실들이 실려 있다. 이 책은 조선 영조때의 승려 동은(東隱)이 불국사의 사적을 기록한 것으로 「불국사고금창기(佛國寺古今創記)」라고도 한다. 1740년에 대암(大庵)의 문인이었던 동은이 지은 것을 그의 제자 만연(萬淵) 등이 다시 교정한 것으로 사료적인 가치는 약간 떨어지지만 불국사 경내의 가람 구조에 대해서는 상세하게 언급되어 있어 원형을 살리는데 귀중한 자료가 된다. 원본은 현재 일본의 동경대학 도서관에 보관되어 있고 그 필사본만이 불국사에 보관되어 있다.

　　「고금역대기」에 따르면 관음전에는 원래 관음보살상이 안치되어 있었지만 임진왜란 때 불타 버렸다고 한다. 이 관음상은 922년에 경명왕비가 낙지공(樂支公)에 명하여 전단향목(?檀香木)으로 만든 것으로 중생사(衆生寺)의 관음상과 함께 영험이 매우 컸다고 한다. 그 뒤 1694년의 중창때 새롭게 만들어 다시 안치한 것으로 보이는데, 1769년까지 모두 세 차례의 개금 기록이 보이므로 이때까지는 관음상이 틀림없이 남아 있었겠지만 언제 없어졌는지는 분명하지 않다. 현재는 1973년의 복원 때 새로 만든 관음 입상이 봉안되어 있다.

　　한편 대웅전에는 중앙의 수미단 위에 나무로 만든 석가여래 삼존불이 안치되어 있고 그 뒤에는 영산회도(靈山會圖)가 걸려 있다. 「고금역대기」에 의하면 본존 좌우의 협시보살은 미륵과 갈라(?羅)보살로, 다시 그 좌우에 있는 흙으로 빚은 협시상은 가섭과 아난의 두 제자로 확인된다. 현존하는 대웅전의 건물이 1765년(영조41)에 중창된 것이므로 이들 불상과 후불 탱화 역시 이때 안치된 것으로 보인다.

불국사의 국보 지정 유물목록

분류	제목	지정번호
탑	다보탑 석가탑	국보 20호 국보 21호
건축	연화. 칠보교 청운. 백운교	국보 22호 국보 23호
불상	금동 비로자나불 좌상 금동 아미타불 좌상	국보 26호 국보 27호
석조	사리탑	보물 61호
공예	석가탑 안 발견 유물 　금동 방형 사리합 　금동제 사리 외함 　은제 사리 내합과 외합 　동경과 옥류	국보 126호
서예·전적	석가탑 안 발견 유물 　무구정광대다라니경	국보 126호

이 밖에도 「고금역대기」에는 886년에 헌강왕의 왕비 김씨가 수를 놓아 만든 석가여래상번(幡)에 대한 최치원의 찬(讚)이 실려 있으며 또 월청(月淸)이 중수했다는 극락전의 벽화와 양지(良志)스님이 만들었다는 천불전의 천불과 금강신상(金剛神像)등 여러 가지 귀중한 유물들이 있었던 것으로 전하지만 아쉽게도 그 모습을 알 길이 없다.

5. 해인사 장경판고(국보52호)와 팔만대장경(국보 32호)

1995년 세계문화유산 등록

경상남도 합천군 가야산에 있는 해인사는 우리나라 3대 사찰 통도사. 송광사의 하나이다. 802년10월 순응(順應), 이정(利貞) 두 스님에 의해 에 창건되었으며, 특히 팔만대장경(고려대장경)(국보 제32호)이 보관되어 있는 절로 유명하다. 해인사 대장경판은 고려 고종24년(1237년)부터 35년(1248년)까지 12년동안 대장도감에서 새긴 목판이다.

불교를 국교로 한 고려왕조는 몽고 군의 침입을 부처님의 힘으로 물리치기 위해 1236년부터 15년에 걸쳐 불경을 나무판에 새겼다. 이 판이 모두 8만 1258판 1511부 6802권 이어서 팔만대장경이라고 한다.

경판은 세로 24cm, 가로 69.6cm로, 장경판고에 보관되어 있다. 판고는 숯과 석회, 소금을 섞은 흙을 깔아 습기를 조절하는 등 매우 과학적으로 만들어 졌다.

해인사 장경판전은 국보 제52호로 지정 관리되고 있으며, 소장문화재로서는 대장경판 81,258판(국보 제32호), 고려각판 2,725판(국보 제206호), 고려각판 110판(보물 제734호)이 있으며, 1995년 12월 유네스코 세계문화유산으로 등록되었다.

팔만대장경 9만 동판경으로 새로 태어난다

해인사 팔만대장경(세계문화유산 국보32호)이 반영구적인 동판(銅版)으로 새로 태어난다. 해인사 주지 세민(世敏) 스님은 13일 지난 6개월간 각계 전문가의 숙의를거쳐 동판 팔만대장경의 최종판을 결정했다며 2006년까지 관련사업을 마무리 하겠다고 말했다.

스님은 770년 전에 만들어진 목판대장경을 소중히 보존하고 후손에게 길이 물려주기위해 동판 대장경을 조성한다며 고려시대 몽골의 침입 당시 온 백성을 하나로 모았던 목판처럼 새로 선보일 동판본도 남북. 동서로 갈라진 우리나라를 통합하는데 기여하기 바란다고 밝혔다.

동판대장경은 구리에 주석과 인을 섞은 인청동으로 만들어진다. 가로. 세로 크기는 목판본과 차이가 없으나 무게는 0.7kg가량 더 무겁다.

또 목판에 빠진 역대 한국 고승들의 어록을 추가해 모두 9만여장으로 완성될 예정이다.

세민 스님은 총200억원을 들여 세계에서 가장 정확하고 방대한 21세기 신대장경을 만들겠다고 말했다.(중앙일보 2004년 5월 14일 1면)

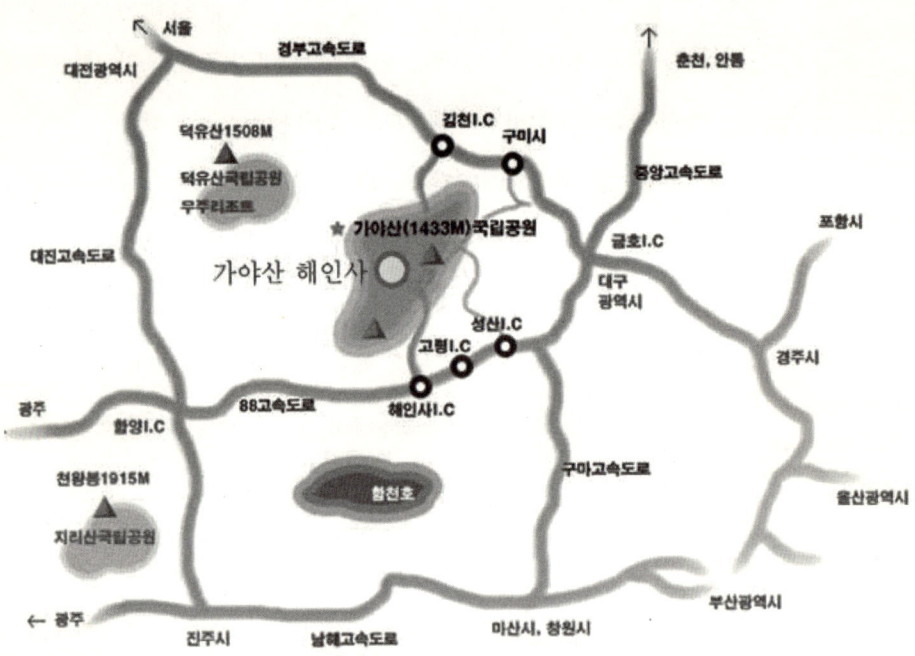

6. 창덕궁과 종묘(사적 제122호, 사적 제 125호)

창덕궁(사적 제122호) 1997년 세계문화유산 등록

서울특별시 종로구 와룡동에 있는 창덕궁은 조선시대의 아름다운 궁궐이다. 1405년 태종 5년 때 완공하였으며, 1592년 임진왜란 때 불탄 것을 1607년에 다시 짓는 등, 몇 차례의 화재와 재난 속에서도 잘 보존되어 왔다. 우리나라의 대표적인 정원인 후원을 비롯해, 오늘날 창덕궁에는 돈화문, 인정전, 인정문, 선정전, 대조전, 희정당, 낙선재, 영화당, 부용정, 주합루, 연경당, 등 웅장하면서도 예스러운 기품을 지닌 건축물들이 남아있다.

창덕궁의 정문인 돈화문(보물 제383호)은 현존하는 가장 오래된 궁궐 정문으로 정면5칸, 측면 5칸에 우진각 지붕의 다포식 건물로서 태종

창덕궁
서울특별시 종로구 와룡동에 있는 창덕궁은 조선시대의 아름다운 궁궐이다.

12년 (1412)에 조영되었다. 돈화문은 홍예문이 열린 높은 댓돌위에 2층의 문루를 세운 광화문과는 달리 2층의 중문으로 조성되었다. 돈화문은 임금이나 외국 사신이 출입할 때 주로 이용했다.

　　인정전(국보 제225호)은 이중의 월대 위에 중문으로 세워진 정면 5칸, 측면 4칸의 다포식 건물이다. 안에 들어가 보면 아래위층이 트여있는데, 임금이 권좌를 중심으로 높이 앉아 내려다보며 만조백관과 조회할 수 있도록 장엄하고 권위있게 지었다.

선정전(보물814호)은 평상시 임금이 신하들과 국정을 의논하던 편전으로 인정전 동쪽에 뒤로 물러나 앉아 있다. 희정당(보물 제815호)은 침전이 딸린 편전으로 임금이 정사를 보던 곳이다. 낙선재는 헌종12년(1846)에 건립되어 고종과 순종의 편전으로 사용된 곳이다. 대조전(보물 제816호)은 왕비의 침전으로 왕의 정침 바로 뒤에 위치하고 있으며, 태종 연간에 창건되었으나 1917년의 화재 이후 1920년 경복궁의 강녕전을 헐어 희정당을 지을 때, 교태전도 함께 옮겨와 대조전을 지었는데 창덕궁에 적합하도록 하였다.

종 묘(사적 제125호) 1995년 세계문화유산 등록

서울특별시 종로구 훈정동에 있는 종묘는 조선왕조 역대 임금과 왕비의 위패를 모신 곳이다. 1395년에 완공하였고, 1592년 임진왜란 때 불탄 것을 1608년에 다시 지었다. 그 후 규모를 늘리고 고쳐서 1836년에 지금의 모습으로 완성하였다. 종묘 경내에는 정전(국보227호)을 비롯하여 별묘인 영녕전(보물821호)과 전사청, 재실, 향대청 및 공신당, 칠사당 등의 건물이 있다. 종묘 제례악(중요무형문화재 제1호), 종묘제례(중요무형문화재 제56호)등은 국가 지정문화재로 지정되어 있다.

큰 공(업적)이 있는 임금과 그 왕비의 위패를 모신 정전과 그 외의 임금 및 왕세자의 위패를 모신 영녕전이 있다.

종묘의 건립은 유교의 조상숭배 사상과 밀접한 관계가 있다. 유교문화권 에서는 사람이 죽으면 혼과 백으로 분리되어 혼은 하늘로 올라가고 형체인백은 땅으로 돌아간다는 이원적사고가 일반화되어 있다. 이러한 생각은 죽은 조상의 혼과 백을 위해 각각 사당과 무덤을 만들게 했다. 1995년 12월 유네스코 세계유산으로 등록되었다.

종묘
울창한 수목에 싸여 있다.

창덕궁 · 종묘
찾아가는 약도

7. 경주역사 유적지구
2000년 세계문화유산 등록

경주에는 신라의 문화와 불교건축의 발달과정을 보여주는 뛰어난 유산들이 곳곳에 있다. 남산지구, 월성지구등 모두 5개 지구로 나뉘며 52개의 문화재가 포함된다.

남산 지구(사적 제311호)

남산에는 신라를 건국한 박혁거세가 태어났다는 우물인 나정과 임금과 신하가 함께 어울려 즐겼다는 포석정을 비롯해 미륵곡 석불좌상, 칠불암 마애석불 등 많은 불교유적이 있다.
신라 일성왕릉(사적 제173호), 신라 정강왕릉(사적 제186호), 신라

헌강왕릉(사적 제187호), 지마왕릉(사적 제221호), 경애왕릉(사적 제222호), 신라 내물왕릉(사적 제188호) 등이 있다.

월성 지구

신라 궁궐이 있던 월성터, 김씨 왕조의 시조 김알지가 태어난 계림(사적 제19호), 동양에서 가장 오래된 천문관측대인 첨성대(국보 제31호) 등이 있다

대릉원 지구

금관총, 천마총 등 신라의 임금과 왕비, 귀족의 고분(옛 무덤)이 많다. 고분 속에서는 신라인의 장례의식과 신앙생활, 풍속 등을 알 수 있게 해 주는 유물들이 출토되었다.

신라 미추왕릉(사적 제175호), 경주 황남리 고분군(사적 제40호), 경주 노동리 고분군(사적 제38호), 경주 노서리 고분군(사적 제39호), 신라 오릉(사적 제172호), 동부사적지대(사적 제161호), 재매정(사적 제

246호) 등이 있다.

첨성대의 숨은 비밀

첨성대는 2단으로 쌓은 큰 사각형 받침 위에 벽돌로 위로 갈수록 좁아지게 원통형으로 쌓아올렸다. 옛날 사람들은 하늘은 둥글고 땅은 네모나다고 생각했다. 첨성대의 이런 모습은 옛날 사람들의 생각을 그대로 나타낸 것이다.

원통의 꼭대기에는 우물 정자(정)모양으로 돌을 얹어 놓았다. 우물 정자 모양을 이룬 돌의 길이는 아래 받침의 네모난 돌 길이의 딱 반이다. 이런 길이의 비는 첨성대를 안정감 있게 보이게 한다. 원통의 중간쯤에는 남쪽을 향해 작고 네모난 창이 나 있다.

첨성대는 별을 우러르는 높은곳 이라는 뜻을 가지고 있다. 즉 첨성대는 해와 달, 그리고 하늘에 떠 있는 수많은 별들을 관측하던 곳이라 할 수 있다. 하지만 실제로 첨성대는 별을 관측할 수 있을 만큼 충분히 높지 않은데다, 세워져 있는 장소도 높은 산이 아닌 평지이기 때문에 별을 관측하기에는 알맞지 않다.

그렇다면 신라 사람들은 왜 첨성대를 만들었을까? 첨성대의 원통을 쌓은 단의 수를 세어 보자. 몸통은 모두 27단이고 맨 꼭대기의 우물정자 (井) 모양 부분까지 합하면 모두 28단이다. 28단이란 수는 기본 별자리 수 28개와 같다. 첨성대의 사각형 받침돌까지 합치면 29단이다. 음력으로 한달은 29일이다. 첨성대를 쌓은 돌의 수는 모두 362개인데 음력으로 따지면 1년은 362일이다.

첨성대

다음, 네모난 창이 있는 세 단을 빼면 창의 아래로 12단, 위로 12단이 있다. 그것은 1년12달과 24절기를 뜻한다. 그리고 첨성대 꼭대기의 우물정자모양으로 놓여진 돌 끝은 정확히 동, 서, 남, 북을 가리킨다.

첨성대의 비밀은 여기에서 끝나지 않는다. 창문으로 들어오는 햇볕으로 동지와 하지, 춘분과 추분을 알 수 있다. 낮의 길이가 가장 긴 하지와 낮의 길이가 가장 짧은 동지에는 햇볕이 첨성대의 밑바닥에 닿지 않는다. 반대로 낮의 길이와 밤의 길이가 같은 춘분과 추분에는 햇볕이 첨성대 밑바닥을 환히 비춘다. 즉, 첨성대에 들어오는 햇볕으로 계절의 바뀜을 정확히 알 수 있는 것이다.

이렇듯 첨성대에는 신라인들이 알고 있던 우주에 대한 지식들이 숨겨져 있다. 그리고 지식을 바탕으로 신라인들은 해와 달, 지구 그리고 별들에 대해 끊임없이 연구했을 것이다.

황룡사 지구

우리 나라에서 가장 큰 황룡사 절터와 가장 오래된 분황사 석탑(국보 제30호)이 있는 곳이다. 분황사 석탑은 벽돌처럼 깎은 돌을 쌓아 만든, 독특한 모양의 탑이다.

산성 지구

수도 경주를 방어하는데 큰 역할을 하였던 선도 산성, 남산성, 명활산성(사적 제47호)등이 있다. 특히 신라 초기의 방식으로 만든 명활산성은 신라의 축성술을 알 수 있는 귀중한 유적이다.

경주 남산일원 유적 일람표

번호	지정번호	유적이름	분류	시대	소재지
1		개선사터	불교유적	통일신라	오산골
2	사적222호	경애왕릉	분묘		삼릉계
3	유형문화재	고위산봉수대터	봉수대	조선	봉화골
4		고허성	성곽	신라	남산
5		국사골 1절터 불상대좌, 폐탑	불교	통일신라	국사골
6		국사골 2절터	불교	통일신라	국사골
7		국사골 3절터	불교	통일신라	국사골
8		전 金光寺터	불교	통일신라	장창골
9		금송정터	루정	조선	삼릉계
10		기창골 1절터	불교	통일신라	기창골
11		기암골 2절터	불교	통일신라	기암골

번호	지정번호	유적이름	분류	시대	소재지
12		기암골 3절터 폐석탑	불교	통일신라	기암골
13	중요민속자료 34호	金憲瑢 古家 우물돌	살림집 우물	조선 통일신라	식혜골 식혜골
14	보물 909호	남간사터 당간지주, 문화재	불교 자료 13호	통일신라 우물돌	장창골
15	보물124호	남산리 절터 삼층석탑 2기	불교	통일신라	오산골
16		남산 동지석묘군	선사유적	청동기	오산골
17	사적 22호	남산 신성	성곽	신라	남산
18	기념물	남산 조선도요지	窯址	조선	바람골
19		남산 토성	성곽	신라	남산
20		노곡 1리 도리골	고분군	신라	노곡골
21		노곡 1리 배나무골	야철지	조선	노곡골
22		노곡 2리 야철지		조선	노곡골
23		노곡리 고분군	분묘	신라	노곡골
24	유형문화재 폐사지탑, 석탑	늠비봉 1절터	불교	통일신라	포석계
25		늠비봉 2절터	불교	통일신라	포석계
26		늠비봉 3절터 석탑재	불교	통일신라	포석계
27	기념물	대지암골 1절터	불교	통일신라	오산골

번호	지정번호	유적이름	분류	시대	소재지
28		대지암골 2절터	불교	통일신라	오산골
29	기념물 폐탑	대지암골 3절터	불교	통일신라	오산골
30	기념물	대지암골 4절터	불교	통일신라	오산골
31		도당산 토성	성곽	신라	옥정골
32	사적 245호	라정	우물	신라	장창골
33		계1리 야철지	산업	조선	계리
34		계2리 고분군	분묘	신라	계리
35		溪里 古家	살림집	조선	계리
36		계리 고분군	분묘	신라	계리
37		계리 고인돌 1	분묘	청동기	계리
38		계리 고인돌 2	분묘	청동기	계리
39	유형문화재193호	미륵골 마애불좌상	불교	통일신라	미륵골
40	보물 136호	미륵골 석불좌상	불교	통일신라	미륵골
41	보물 63호	배리삼체석불	불교	신라	선방골
42		백운골 절터	불교	통일신라	백운골
43		백운골 절터 연화대석		통일신라	백운골
44	기념물	백운대 절터	불교	통일신라	륜계리
45	유형문화재206호	백운대절터	마애불입상	통일신라	륜계리
46		백운대터	건축	통일신라	백운골
47		별천용골 절터 폐석탑	불교	통일신라	별천용골

번호	지정번호	유적이름	분류	시대	소재지
48		보제사 삼층석탑	불교	통일신라	미륵골
49	기념물	봉구골 남리 절터 폐탑 2기	불교	통일신라	봉구골
50		부영골 4절터	불교	통일신라	부영골
51	유형문화재	부영골 5절터 마애불좌상	불교	통일신라	부영골
52		(傳)北사터 폐탑	불교	통일신라	륜계리
53		부처골 1절터	불교	통일신라	부처골
54		부처골 2절터 석불좌상	불교	신라	부처골
55		부처골 고분군	분묘	신라	부처골
56		불무사터	불교	통일신라	비파골
57		비파골 선방터 석탑재	불교	통일신라	비파골
58		사제사터	불교	통일신라	식혜골
59	사적29호	삼릉	분묘	통일신라	삼릉계
60.	유형문화재19	삼릉계 마애관음보살입상		통일신라	삼릉계
61	유형문화재158	삼릉계 마애대불	불교	통일신라	삼릉계
62		삼릉계 선각여래상	불교	통일신라	삼릉계
63	유형문화재159	삼릉계 선각여래좌상		통일신라	삼릉계
64		삼릉계 선각여래좌상		통일신라	삼릉계

번호	지정번호	유적이름	분류	시대	소재지
65		삼릉계 선각여래좌상		통일신라	삼릉계
66	유형문화재	삼릉계 1절터 1절터 석조여래좌상	불교	통일신라	삼릉계
67	유형문화재	삼릉계 2절터 2절터 선각육존불	불교	통일신라	삼릉계
68		삼릉계 3절터	불교	통일신라	삼릉계
69		삼릉계 4절터	불교	통일신라	삼릉계
70		삼릉계 5절터	불교	통일신라	삼릉계
71		삼릉계 6절터	불교	통일신라	삼릉계
72	보물666호	삼릉계 7절터 석불좌상	불교	통일신라	삼릉계
73		삼릉계 8절터 선각보살입상(상반신 없음) 상선암	불교	통일신라	삼릉계
74		삼릉계 입구절터 석불 파편	불교	통일신라	삼릉계
75		삼효자각	건축	조선	탑동
76		상사암 석불입상	불교	통일신라	삼릉계
77	기념물16호	상서장 석등하대석	건축 불교	조선 통일신라	왕정골
78		상실사터	불교	통일신라	윤을골
79		샛갓골 절터 석조여래좌상	불교	통일신라	샛갓골

번호	지정번호	유적이름	분류	시대	소재지
80	사적138호	서출지	기타	통일신라	철와골
81		석가사 터	불교	통일신라	비파골
82	기념물 유형문화재112	석수암 절터 석조여래좌상	불교	통일신라	석수암골
83		선방골 2절터	불교	통일신라	선방골
84		선방골 석조여래입상		통일신라	선방골
85		선방골 선각여래입상		통일신라	선방골
86		선방사 절터 석탑		통일신라	선방골
87		수영골 석조물	기타	통일신라	륜계리
88	기념물	승소골 절터	불교	통일신라	승소골
89		식혜골 절터	불교	통일신라	식혜골
90	보물190호	신선암 마애보살상		통일신라	봉화골
91		약수계 선방터	불교	통일신라	약수계
92		약수계 1절터	불교	통일신라	약수계
93		약수계 2절터	불교	통일신라	약수계
94		약수계 3절터 석조여래좌상	불교	통일신라	약수계
95	유형문화재114	약수계 마애대불	불교	통일신라	약수계
96	유형문화재	양조암골 1절터 폐탑	불교	통일신라	양조암골
97		양조암골 2절터	불교	통일신라	양조암
98		열암골 절터	불교	통일신라	열암골

번호	지정번호	유적이름	분류	시대	소재지
	유형문화재113	여래좌상			
99		오릉초등학교 내 석탑재		통일신라	식혜골
100		오산골 마애불	불교	통일신라	오산골
101		옥룡암	불교	조선	탑골
102		와룡사 부도	불교	통일신라 조선	용장계
103		왕정골 절터	불교	통일신라	왕정골
104		왜비절터	불교	통일신라	윤을골
105	기념물 88호	용산서원	유교	조선	이조리
106		용장계 비석대	비	통일신라	용장계
107		용장계 연화좌	불교	통일신라	용장계
108		용장계 1절터	불교	통일신라	용장계
109		용장계 2절터(관음사) 석탑재		통일신라	용장계
110		용장계 3절터	불교	통일신라	용장계
111		용장계 5절터(호혈암 절터)		통일신라	용장계
112		용장계 6절터 석조여래좌상, 석탑재	불교	통일신라	용장계
113		용장계 7절터	불교	통일신라	용장계
114		용장계 8절터	불교	통일신라	용장계
115		용장계 10절터(은적암터)		통일신라	용장계
116		용장계 13절터	불교	통일신라	용장계

번호	지정번호	유적이름	분류	시대	소재지
117		용장계 14절터	불교	통일신라	용장계
118		용장계 15절터	불교	통일신라	용장계
119	유형문화재 모전석탑	용장계 17절터	불교	통일신라	용장계
120		용장계 18절터	불교	통일신라	용장계
121		용장계 고분군	분묘	신라	용장계
122		용장리 비파골 고분군		신라	비파골
123.		용장리 무문토기 분포지		청동기	용장계
124	보물913호 마애불 보물187호 삼륜대좌불 보물186호 삼층석탑. 석대	용장사 터	불교	통일신라	용장계
125		月城金氏旌閭	기타	조선	장창골
126		월정교 터 남쪽 선사유적		선사	인왕동
127	유형문화재195	윤을곡 마애불좌상	불교	통일신라	윤을골
128		이락당 석조물	건축 기타	조선 통일신라	철와골
129		이조리 고분군	분묘	신라	이조리
130	문화재자료240	인용사터	불교	통일신라	왕정골
131	사적 173호	일성왕릉	분묘		장창골
132		입곡 1절터 석조여래입상	불교	통일신라	삿갓골

번호	지정번호	유적이름	분류	시대	소재지
133		입곡 2절터	불교	통일신라	삿갓골
134		입곡 3절터	불교	통일신라	삿갓골
135		작은덤박골		야철지1	윤계리
136		작은덤박골		야철지2	윤계리
137		잠늠골 절터 석등대석, 폐탑	불교	통일신라	잠늠골
138		잠찰골 절터	불교	통일신라	잠찰골
139		장창골 4절터	불교	통일신라	장창골
140		장창골 절터	불교	통일신라	장창골
141		장창 터(동, 서, 중창터)		신라	장창골
142		절골 절터	불교	통일신라	절골
143		점골 절터	불교		륜계리
144	사적180호	정강왕릉	분묘	통일신라	능골
145	사적221호	지마왕릉	분묘	신라	포석계
146	기념물 유형문화재	창림사 터 귀부, 삼층석탑	불교	통일신라	포석골
147		창림사터 앞의 절터		통일신라	포석골
148	사적340호	천관사 터	불교	통일신라	왕정골
149		천동골 1절터	불교	통일신라	천동골
150		천동골 2절터	불교	토일신라	천동골
151	기념물	천용골 신라토기가마터		신라	천용골

번호	지정번호	유적이름	분류	시대	소재지
152	기념물 유형문화재 보물 188호	천용사 터 귀부. 부도 삼층석탑 석등대석, 석조	불교	통일신라 조선 통일신라	천용골
153	기념물	천은사 터	불교	통일신라	장창골
154	기념물	철와골 절터	불교	통일신라	철와골
155	보물 200호	칠불암 마애불	불교	통일신라	봉화골
156	보물 201호 유형문화재	탑곡마애조상군 삼층석탑	불교	통일신라	탑
157		탑골입구 석실분	분묘	신라	탑골
158		탑골입구 선각마애불		통일신라	탑골
159		탑골고분군	분묘	신라	탑골
160	사적 1호	포석정	건축	통일신라	포석골
161		포석정 서북편 남쪽절터		통일신라	윤을골
162		포석정 서북편 북쪽절터		통일신라	윤을골
163		풀무절터	불교	통일신라	비파골
164	사적187호	헌강왕릉	분묘	통일신라	천암골
165		홈태골 절터	불교	통일신라	홈태골
166		화랑교육원 내 불상연화대좌		통일신라	남산동

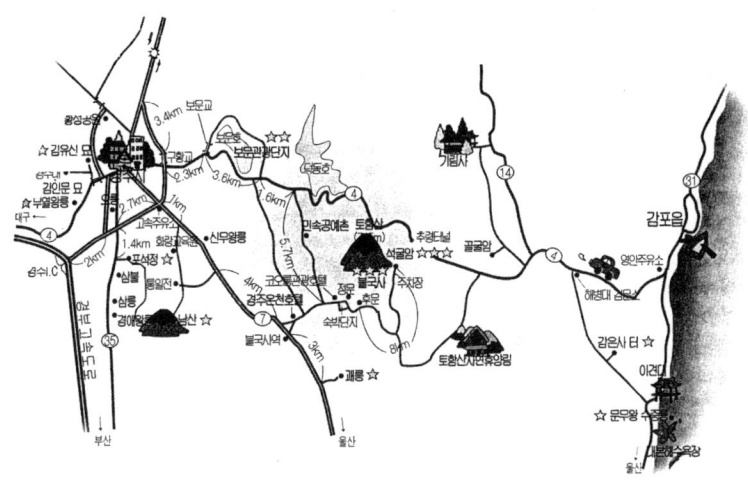

**경주역사유적지구
찾아가는 약도**

8. 수원의 화성(사적 제3호)
1997년 세계문화유산 등록

경기도 수원에 있는 화성은 조선왕조 제22대 왕인 정조가 아버지 장헌(사도) 세자의 죽음을 슬퍼하여 수원 교외의 화성에 묘를 옮긴 뒤, 그곳으로 서울을 옮기려고 지은 성이다. 1794년 1월에 쌓기 시작하여 1796년 9월에 완공하였다. 둘레 5.5km의 성벽과 문루 등이 과학적으로 설계되어 있으며 동쪽의 창룡문, 서쪽의 화서문(보물403호), 남쪽의 팔달문(보물402호), 북쪽의 장안문등 4개의 성문이 있다.

200년 전 축조된 이 성은 가장 근대적인 규모와 기능을 갖추고 있으며, 임진왜란과 병자호란의 전란 경험과 대포 등의 발달로 기존 성의 미비점을 보완해서 실전에 있어서 성에 근접하는 적을 가장 효과적으로 공격할 수 있도록 하였다. 또한 토성과 석성의 취약점을 보완하여 견고성과 디자인의 용이성을 최대한 살림으로써 성과 축성사의 걸작이라 할 수 있다.

　화성은 중국, 일본 등지에서는 찾아 볼 수 없는 평산성의 형태로 군사적 방어기능과 상업적 기능을 함께 보유하고 있으며 시설의 기능이 가장 과학적이고 합리적이며, 실용적인 구조로 되어 있는 동양성곽의 백미라 할 수 있다.

화서문의 옹성　왼쪽으로 열렸다.

西北공심돈과 화서문의 옹성

옹성은 여담을 두르고 통로를 만들었다.

화서문과 서북공심돈 원경

공심돈에서 내려다본 화서문

장안문의 원경　서북공심돈에서 내다봤다

장안문과 옹성

적대에서 본 장안문

장안문의 측면관

장안문의 옹성 전경 옹성 홍예문루에 오성지가 있다.

중층구조로 된 장안문 안쪽의 모습이다.

화홍문 일곱 개의 수문 위에 문루가 설치되었다.

화홍문의 바깥쪽 높게 방화수류정이 보인다.

용연에 솟아오른 용대가리 위에 방화수류정이 세워졌다.

정자에서 내려다본 용연

동북공심돈에서 대려다본 동장대 일곽

팔달문

수원 화성 찾아가는 약도

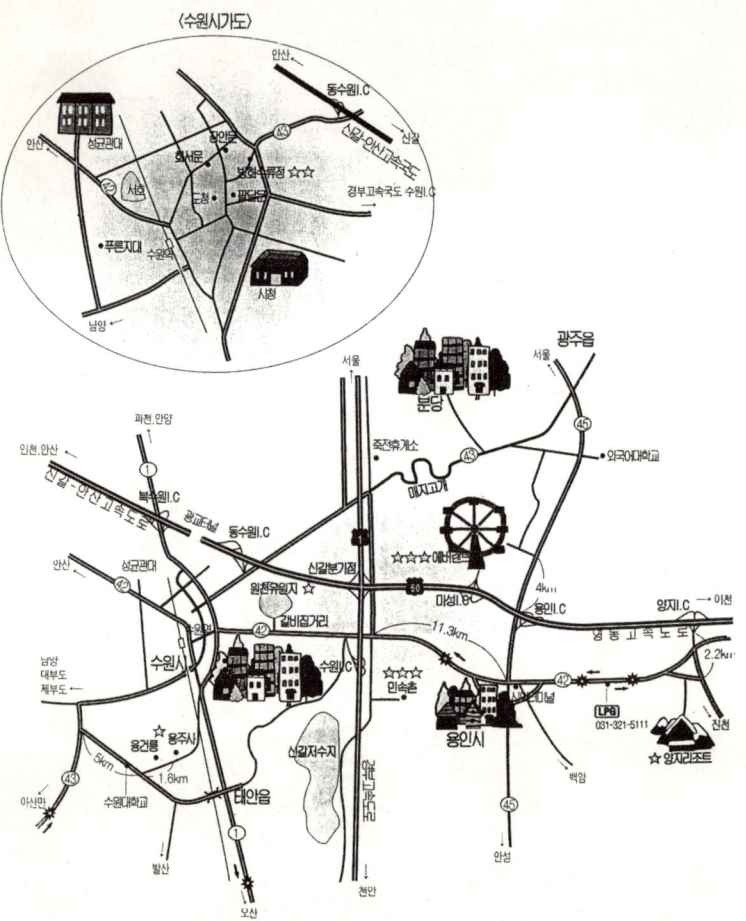

9. 고인돌 유적

고인돌이란

신석기시대에서 금석병용시대에 이루어진 거석기념물·탱석·돌멘(Dolmen)이라고도 하며, 한국·만주 등지에 분포되어 있다. 우리나라 고인돌은 부족장의 무덤으로, 분포 지역은 대동강·예성강·임진강·금강·낙동강 유역과 영남·호남·제주도의 해안지방이다. 우리나라의 고인돌은 축조형식에 따라 남방식과 북방식으로 구분되는데 남방식은 기반식 이라고도 하며, 석관 또는 옹관을 매장하고, 그 위에 5~6개의 괴상석이나 소판석으로된 개석을 괴어 놓는 것이다. 북방식은 탁상식 이라고도 하는데, 장방형의 판석 4~5개를 세워 지상에 석실을 만들고 그 위에 장방형 대형 판석을 개석한 것이다. 따라서 석실이 곧 묘실이 되어 지상에 노출되었다. 한국 고인돌 가운데 2000년 세계문화유산에 등록된 것은 고창, 화순, 강화 고인돌 유적이다.

고창 고인돌 지석묘(사적 제391호)

고창고인돌은 전북 고창읍 죽림리와 아산면 상갑리에 위치하고 있으며, 국가 사적 391호로 지정되어 있다. 고창읍에서 선운사 방향인 서쪽으로 8km쯤 가면 도산리 탁자식 고인돌이 나타나고, 여기에서 다시 북쪽으로 죽림리와 상갑리가 있는데 죽림리 매산마을 뒷산줄기 남사면에 10개 군집을 이룬 442기의 고인돌이 산줄기 방향으로 열을 이루면서 분포되어 있다.

고창 고인돌의 특징은 1.5km의 좁은 범위 안에 400여 기 이상이 밀집되어 있는 점이다. 이러한 분포는 단일 면적으로 보아 우리나라 뿐 아니라 세계적으로도 가장 조밀한 분포이다. 대부분의 경우 고인돌이 일정한 지역에 군집되어 있더라도 어느 정도의 거리를 유지하면서 각각의 묘역을 형성하고 있는데 그와는 다른 모습을 보여주고 있는 것이다.

고인돌 형식에 있어서도 고창에는 탁자식, 기반식, 개석식 등이 함께 분포되어 있는 것을 발견할 수 있다. 특히 도산리 탁자식 고인돌은 북한이나 요령지방처럼 처마가 넓고 덮개돌이 얇은 형식이며 도산리 지석묘는 전라북도 기념물 제49호로 지정되어 있고, 죽림리 고인돌은 지상에 노출된 무덤방이 낮고 기반식 고인돌처럼 덮개돌이 두터워져 전형적인 탁자식에서 탈피하고 지역화되는 형태를 보여준다.

전북 고창 죽림리 고인돌

전북 고창 죽림리의 기반식 고인돌

전북 고창 상갑리 고인돌

전북 고창 도산리 고인돌

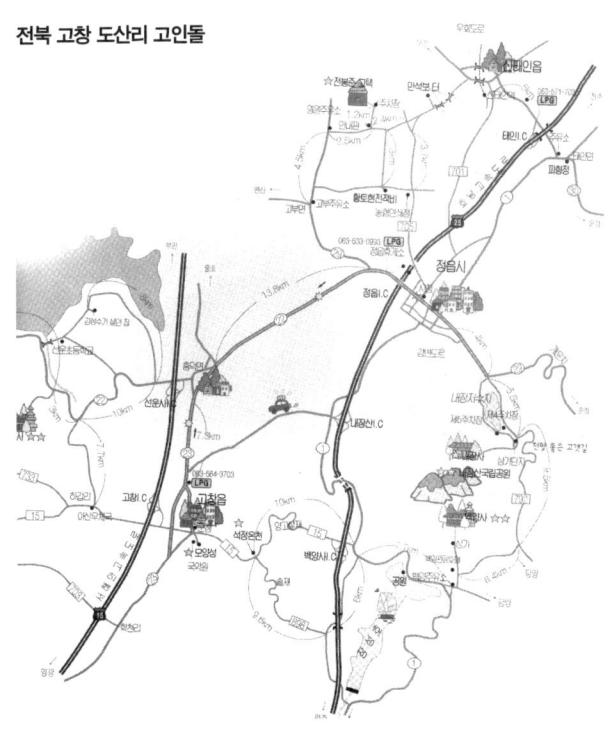

전북 고창 죽림리 고인돌

전북 고창 죽림리의 기반식 고인돌

화순 고인돌 지석묘(사적 제410호)

　화순 고인돌군은 전남 화순군 도곡면 효산리와 춘양면 대신리를 잇는 보검재 계곡 일대에 걸쳐있다. 이 고인돌군은 1995년 발견되어 국가 사적 제410호로 지정되었고, 2000년에는 보존 상태가 양호하고 고인돌의 밀집도가 높아 인천 강화, 전북 고창과 함께 유네스코 세계문화유산으로 등록되었다. 고인돌군은 보검재(188.5m)산기슭에서 모산마을 앞까지 해발45~90m 사이에 분포하며 7개 군집에 300여 기가 발견되었다. 각 군집의 동쪽 산 정상에는 채석이 용이한 암반층이 있는데, 암반에는 인위적으로 떼어낸 흔적이 남아 있고 그 주변에는 크고 작은 석재들이 산재되어 있다.

　화순 춘양면 대신리 고인돌군은 보검재에서 지동마을로 뻗어있는 산 구릉(해발 70m~120m) 1km에 걸쳐 분포한다. 고인돌은 지동마을과 주변 농경지 등에도 분포하고 있다. 고인돌은 석재가 있는 산 계곡을 따라 300여 기 이상이 분포하며, 모두 6개군으로 나누어 진다. 이 중 지금까지 발견된 덮개돌 중에서 가장큰 덮개돌이 있는 군집과 채석장이 있는 군집이 대표적이다.

전남 화순 벽송리 기반식 고인돌 평지에 서 있다.

전남 화순 남면 절산리 고인돌에 나타난 성혈

전남 화순 효산리 고인돌

전남 화순 대신리 고인돌 세계 최대 규모로 제단이나 기념물 역할을 했을 것으로 보인다.

화순 대신리 고인돌

전남 화순 대신리 고인돌

전남 화순 대신리 고인돌 채석장

전남 화순 대신리 고인돌 채석장

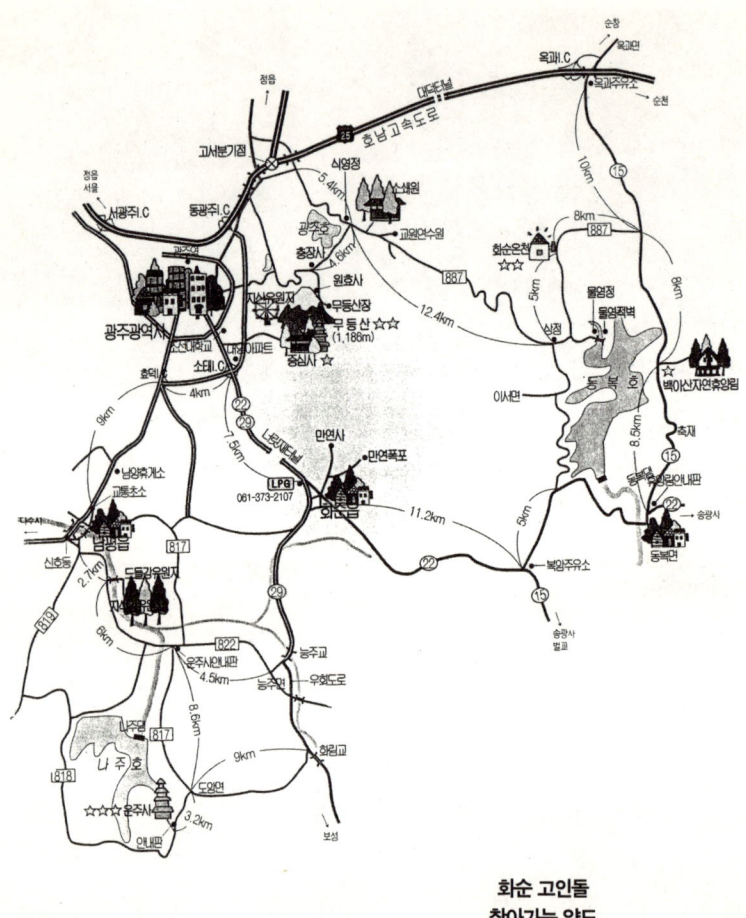

화순 고인돌
찾아가는 약도

강화 고인돌 지석묘(사적 제137호)

　　인천광역시 강화군 하점면 부근리에 있는 탁자식 고인돌은 고려산(해발436m)의 북쪽 봉우리를 이룬 시루매산의 북쪽기슭에 형성된 대지에 위치하고 있으며, 사적 제137호로 지정되어 있다. 지금까지 남한에서 발견된 탁자식 고인돌 가운데 가장 큰 규모이다.

　　덮개돌의 크기는 장축 길이가 650cm, 너비가 520cm, 두께가 120cm이며, 전체 높이는 260cm이다. 받침돌을 좌우에 세우고 한쪽 끝에는 마감하기 위한 판석을 세워 무덤방을 만든 뒤 시신을 안치하고 다른 한쪽을 마저 마감했을 것으로 생각되나 현재 양끝의 마감돌은 없어지고 좌우의 받침돌만 남아 있어 석실 내부가 마치 긴 통로처럼되어 있다.석재는 강화에서 흔히 보이는 흑운모편마암이며 놓인 방향은 동북(60°)이다. 받침돌의 크기는 길이가 450cm와 464cm, 두께가 60cm와 80cm,높이가 140cm이며 기울기가 70°이고, 장축방향이 동북(69°)이다.

　　이 고인돌은 대지상에 거대한 덮개돌이 받침돌에 의해 웅장한 모습을 띤 것 이라든지 주위에서 쉽게 관망할 수 있는 위치에 있는 점에서 무덤으로서의 기능보다는 축조집단들을 상징하는 기념물이거나 제단으로서의 기능이 강한 것이다. 이 고인돌을 중심으로 강화지역에는 탁자식 등 고인돌 80여 기가 분포되어 있다.

송해면 하도리 북방식 고인돌 무덤
48번 국도 바로 아래 밭 가운데에 있는 4기의 고인돌 무덤 가운데 비교적 보존이 양호한 북방식 고인돌 무덤이다.

하도면 소방서 앞 고인돌 무덤
대로변에 있는 이 고인돌 무덤은 밭갈이하면서 많이 파손되었다.

하정면 부근리 고인돌 무덤
사적 제137호인 우리나라에서 가장 유명한 북방식 고인돌 무덤으로, 비스듬히 경사진 굄돌 위에 50톤

강화고인돌

부근리 점골 고인돌 무덤

하점면 부근리와 삼거리 경계 지점에 가까운 부근리 743의 3번지에 위치한 사적급의 대형 고인돌 무덤이다.

부근리 은행나무 묘포에 있는 고인돌 무덤 굄돌

사적 제137호 고인돌 무덤의 북방 약 150미터 지점에 있는 이 고인돌 무덤의 굄돌은 원래 사적 제137호 고인돌 무덤과 한 쌍이었던 것이 다른 석재가 모두 파괴되고 이 굄돌 하나만 남았다.(옆면)

하점면 신삼리 고인돌 무덤
강화도 안에서 가장 낮은 지점인 논바닥에 위치한 고인돌 무덤이다.

고려산 북록 능선상의 C호 고인돌 무덤
고인돌 무덤 분포상 가장 높은 지점에 위치한 고인돌 무덤이다. 아래는 덮개돌 위에 파논 성혈(姓穴)

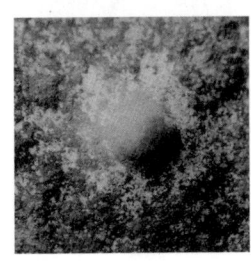

내가면 오상리 고인돌 무덤
고려산 서남록 줄기에서 수기의 고인돌 무덤이 확인되었다. 사진은 전형적인 북방식 고인돌 무덤으로 지상 석실이 내부 모습이다.

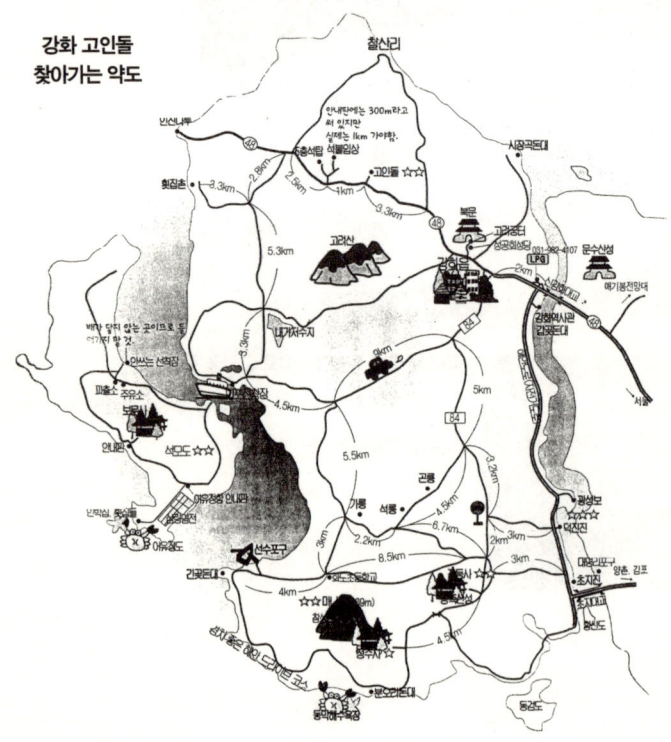

부록: 고인돌유적지 일람표

경기도 강화군

강화 하점면 부근리. 언덕위

강화 하점면 부근리 점골. 경사면

강화 하점면 삼거리. 능선

간화 하점면 삼거리 소동부락

강화 하점면 삼거리 천촌부락. 해발 100m 능선

강화 하점면 이강리

강화 하점면 고려산 샘말

강화 하점면 고려산 샘말 뒷산능선

강화 하점면 신삼리. 길옆평지

강화 하점면 신봉리

강화 하점면 창후리

강화 양사면 교산리. 언덕

강화 강화읍 대산리. 대지

강화 송해면 하도리. 언덕

강화 송해면 상도리. 황촌부락

강화 송해면 오류내

강화 송해면 양오리. 언덕

강화 내가면 오상리. 능선

강화 내가면 고천리. 해발 350m 능선

전라북도 고창군

고창 고창읍 도산리 지동

고창 고창읍 월암리 월암서원 앞

고창 고창읍 죽림리 동해원

고창 고창읍 덕정리. 고창서초교 부근

고창 고창읍 월곡리

고창 고창읍 외산리 호동 취석정 부근고창 고수면 부곡리. 언덕

고창 고수면 부곡리. 언덕

고창 고수면 황산리 평촌

고창 고수면 은사리

고창 고수면 신기리 칠성

고창 고수면 강당리

고창 고수면 조산리

고창 무장면 목우리 덕림천변

고창 무장면 고라리 가라

고창 공읍면 군유리

고창 상하면 하장리

고창 상하면 검산리 상라대

고창 해리면 하연리 주락

고창 해리면 평지리

고창 해리면 안산리

고창 해리면 안산리 이상동

고창 해리면 왕촌리

고창 성송면 암치리 구황산 서쪽 진등

고창 성송면 학천리

고창 성송면 초내리 칠암

고창 성송면 사내리

고창 성송면 판정리 이씨매등

고창 성송면 산수리 방축

고창 성송면 계당리 선동

고창 대산면 상금리

고창 대산면 성남리

고창 대산면 지석리

고창 심원면 하전리. 경수산 기슭

고창 심원면 월산리. 경수산 기슭

고창 심원면 주산리

고창 심원면 두어리 도천

고창 심원면 도천리 두마동

고창 심원면 연화리 각시매. 당산제

고창 신림면 벽송리 사실

고창 신림면 무림리. 신림중교 부근

고창 신림면 가평리 도동사 안

고창 부안면 사창리

고창 부안면 용산리

고창 부안면 상등리 국고개

고창 부안면 수동리 대동

고창 부안면 수앙리 용현

고창 아산면 용계리. 운곡천 주변 산기슭

고창 아산면 운곡리. 산기슭

고창 아산면 학전리 두월

고창 아산면 주진리

고창 아산면 상갑리

고창 아산면 봉덕리

고창 아산면 죽림리 매산

전라남도 화순군

화순 남면 검산리

화순 남면 남계리

화순 남면 내리

화순 남면 신암리

화순 남면 다산리

화순 남면 대곡리 한실

화순 남면 벽송리

화순 남면 복교리

화순 남면 사수리 대전

화순 남면 사평리

화순 남면 원리 석복

화순 남면 용리 주평

화순 남면 절산리

화순 남면 주산리

화순 능주면 관영리

화순 능주면 대리 불당골

화순 능주면 석고리 삼거리

화순 능주면 정남리

화순 능주면 천덕리 회덕

화순 도곡면 대곡리

화순 도곡면 쌍옥리

화순 도곡면 월곡리

화순 도곡면 효산리. 도곡리

화순 도암면 대초리 조치

화순 도암면 도장리

화순 도암면 벽지리

화순 도암면 용강리

화순 도암면 운월리

화순 도암면 정천리

화순 도암면 지월리 월전

화순 도암면 천태리

화순 동면 마산리

화순 동면 백용리

화순 동면 복암리

화순 동복면 구암리

화순 동복면 독상리 (동복리)

화순 동복면 연월리 월송

화순 동복면 한천리

화순 북면 구수리

화순 북면 다곡리 하다

화순 북면 맹리 명리

화순 북면 서유리

화순 북면 송담리

화순 북면 수리

화순 북면 용곡리

화순 북면 원리

화순 북면 이천리, 북면리

화순 이서면 도석리 석복

화순 이서면 보산리

화순 이서면 보월리

화순 이서면 야사리, 이서리

화순 이서면 인계리 서동

화순 이서면 창랑리

화순 이서면 장학리 장항

화순 이서면 월산리 월평

화순 이양면 금릉리

화순 이양면 매정리 상매정

화순 이양면 송정리

화순 이양면 쌍봉리

화순 이양면 이양리 귀미

화순 청풍면 차리, 청풍리

화순 춘양면 대신리 지동

화순 한천면 금전리

화순 한천면 모산리

화순 한천면 반곡리 신촌

화순 한천면 정리 정승동

화순 한천면 한계리 한천

화순 화순읍 계소리

화순 화순읍 교리. 검문소부근

화순 화순읍 대리 주암

화순 화순읍 도웅리 도산촌

화순 화순읍 만연리 갱정

화순 화순읍 벽나리

화순 화순읍 서태리 평촌

화순 화순읍 앵남리, 기남리

화순 화순읍 이십곡리 압곡

10. 세계기록유산(문헌자료 유산)

1. 직지심경(直指心經)/직지심체요절(直指心體要節)
2001년 세계기록유산 등록

직지심체요절(直指心體要節) 불조직지심체요절(佛祖直指心體要節) 약칭 직지심경(直指心經) 송나라 때 나온 전등록(傳燈錄)에서 역대 불조(佛祖)들의 법화(法話)를 요약한 것으로 1377년(宣光7년) 청주 교외에 있던 흥덕사 주자시에서 인쇄한 하권이 프랑스 국립도서관에 보관되고 있다. 이 책은 구텐베르크보다 80년 앞서 금속활자로 인쇄된 유네스코가 공인한 현존하는 세계최고의 문화유산, 세계최초의 금속활자 인쇄본이다. 한편 국립중앙도서관에는 1378년에 인쇄된 목각본이 보관되어 있다.

불조직지심체요절이 해외로 유출된 경위는 조선시대 고종때 주한 불란서대리공사로 서울에서 근무한바 있는 꼴랭 드 불랑시(Collin de Plancy)가 수집해간 장서에 포함되어 있던 것이 그후 골동품수집가였던 앙리 베베르(Henry Vever)에게 넘어갔으며 그가 1950년에 사망하자 유언에 따라 프랑스국립도서관으로 이관되어 오늘에 이르고 있다.

　금속활자본인 직지심경을 찾아내어 세상에 알리고 인정을 받게된 것은 프랑스 거주 한국인 서지학자 박병선(朴炳善) 박사에 의해 알려졌다. (조선일보 2003. 11. 22 A30면)

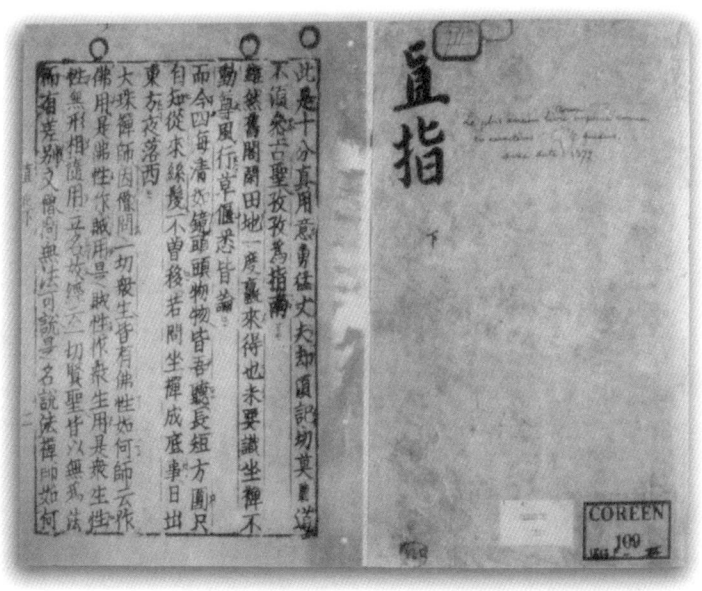

무구정광대다라니경(국보 제126호)

751년(경덕왕 10)무렵에 간행된 우리나라 최초의 목판권자본(木板卷子本)이경은 1966년

10월 13일에 경주 불국사의 석가탑을 보수하기 위하여 해체되었을 때, 제2중 탑신부에 봉안되어 있던 금동제 사리외함(舍利外函)에서 다른 여러 사리장엄구(舍利莊嚴具)와 함께 발견된 것으로, 1967년 불국사 삼층석탑내 발견유물을 국보 재126호로 일괄 지정할 때 포함되었다. 〈無垢淨光大陀羅尼經〉은 도화라국(都貨邏國)의 승려인 미타산(彌陀山)이 법장과 함께 704년경에 한역하여 대장경에 편입한 것이다. 멸죄연수(滅罪延壽)의 법을 구하기 위하여 옛 탑을 수리하거나 조그마한 탑을 무수히 만들어 그 속에, 공양하며 법에 의하여 신주(神呪)를 염송하면 수복을 얻고 성복할 수 있다는 내용이다. 이 판은 판광(板匡)의 위. 아래면의 길이는 5.3-5.5cm, 각 항의 글자수는 7-9자. 종이폭은 6.5-6.7cm. 전체 길이는 약 620cm이다. 발견당시 종이는 우습으로 부식되고 심한 산화로 부스러져 책머리의 표제, 한역자 및 본문11항을 잃었으며, 또 앞부분에서 약 250cm까지는 같은 간격으로 1,2항씩 결실되었을 뿐 아니라 그리고 그 이하부터 상태가 약간씩 좋아지며 권말에 이르러 완전하였다. 그러나 그 뒤 20여년 사이에 종이가 더욱 산화 또는 경화되어 만지기만해도 부스러

져서 1988년 9월에서 1989년 1월말까지 지질을 분석 조사하여 같은종류의 종이를 만들어 대대적으로 수리 보강 하였다. 또한 조각조각 떨어진 단편이 제위치를 찾아 표제의; 일부와 본문 9항이 복원되었다. 따라서 현재 본문의 일실은 3항으로 줄어든 셈이다. 신라 경덕왕 10년(751)조성의 불국사 석가탑에서 나온 세계최고의 현존 목판 권자본이다.

활자본의 식별법

우리나라의 간인본에는 활자본의 종류가 다양하고 또 활자본을 번각한 목판본도 다양하다. 따라서 활자본을 감정함에 있어서는 일차적으로 활자본과 목판본을 식별할줄 알아야하고, 이차적으로 금속활자본과 목활자본을 식별할줄 알아야하며, 삼차적으로 금속활자본 상호간의 식별법을 알아야 한다.

여기서는 활자본과 목판본의 식별법, 금속활자본과 목활자본의 식별법만을 서술하고 금속활자본간의 식별법은 개개 활자본을 각각 참고해 주기 바란다.

활자본과 목판본의 식별법

활자본과 목판본의 식별은 다음과 같은 구분을 종합하여 판단하면 쉽게 가름할 수 있다.

판종 구분	활자본	목판본
글자위치 (字位)	글자가 유달리 옆으로 비스듬하게 기울어진 것이 자주 나타나고, 거꾸로 된 것도 있을 수 있다.	글자가 옆으로 비스듬하게 기울어진 것과 거꾸로 된 것이 없이 비교적 바르다.
글자줄 (字列)	글자줄이 곧바르지 않고 좌우로 들어갔다 나왔다 하여 삐뚤어졌다.	글자줄이 비교적 정연하다.
글자모양 (字樣)	금속활자에서 동일한 주형으로 만든것은 꼭 같은 글자 모양이 빈번히 나타난다. 그러나 주자방법이 다른 초기 및 민간의 금속활자본과 목활자본인 경우는 예외이다.	동일한 글자라 하더라도 꼭 같은 글자 모양의 것이 없다. 다만 활자본을 정교하게 번각한 경우에 한하여 비슷한 글자 모양이 나타나고 있을 뿐이다.
글자획 (字畵)	글자본에 의거 어미자를 하나하나 정성껏 만들어 필요한 수만큼 찍어 부어 내기 때문에 글자획이 고르고 일정하다. 그러나 주자방법이 다른 초기 및 민간의 금속활자본과 목활자본의 경우는 그렇지 못하다.	활자 하나하나를 새겨내기 때문에, 글자획의 굵기가 일정치 않고 굵었다 가늘었다 한 것이 대부분이다.
글자사이 (字間)	윗글자와 아랫글자의 사이가 떨어져 있다. 다만 초기의 기술이 미숙했던 활자본에 한하여 윗글자의 아래획과 아래 글자의 위획이 서로 엇물린 것이 나타난다.	윗글자의 아래 획과 아랫 글자의 위획이 서로 엇물린 것이 자주 나타난다.
마멸 (磨滅)	금속활자는 오래 사용하면 글자획이 마멸되어 가늘어지고 일그러지지만 글자획은 붙어 있다. 그러나 목활자는 오래되면 마멸	오래 되면 새긴 글자획에 마멸과 나뭇결이 생기고 심한 것은 글자획이 부분적으로 떨어져 나가거나 판독하기 어려운 것이

	이 심하고 글자획이 부분적으로 떨어져 나가고 나뭇결이 생긴다.	생긴다.
칼자국 (刀刻) 또는 너덜이	금속활자는 칼자국이 없고, 주조한 다음 줄로 손질하기 때문에 대체로 글자 끝이 둥글둥글한 맛이 난다. 민간 활자는 손질이 거칠어 너덜이 같은 것이 남아 있을 수도 있다. 그리고 다만 목활자본에 한하여 글자획에 도각의 흔적과 실수가 나타나고 있을 뿐이다.	글자획에 도각의 흔적이 예리하게 나타나고 있을 뿐, 쇠붙이 활자가 아니기 때문에 너덜이 같은 것은 없다.
먹색 (墨色)	금속 활자본은 먹색이 일반적으로 진하지 않음의 차이가 극단적으로 나타나고 있다. 목활자본은 일반적으로 진한 편이며, 한 지면에 진하고 엷음의 차이가 극단적인 것은 금속활자본과 조건이 같다.	목판본의 먹색은 일반적으로 진한 편이며, 한 지면의 먹색은 진하거나 엷음의 차이 없이 순연하다.
반점 또는 번짐	금속활자본은 유연먹을 썼기 때문에 글자의 먹색을 현미경으로 확대하여 보면 반점이 나타나고 있다. 그러나 목활자본은 그렇지 않고 대체로 먹색이 번져 있다.	목판본은 먹색이 진하면서도 현미경으로 확대하여 보면 먹물이 주위에 번져 있다.
어미 (魚尾)	어미와 판심의 좌우계선이 떨어져 있다. 그러나 고착시킨 인판틀을 사용한 활자본은 예외이다.	목판본은 먹색이 진하면서도 현미경으로 확대하여 보면 먹물이 주위에 번져 있다.
광곽 (匡郭)	판을 짰기 때문에 광곽의 사주 어딘가에 틈이 있다. 그러나 고착된 인판을 사용한 것은 예외이다.	목판에 새긴 것이기 때문에 광곽의 사주가 붙어 있다.

활자본과 목판본의 식별법

활자본과 목판본의 식별은 다음과 같은 구분을 종합하여 판단하면 쉽게 가름할 수 있다.

판종 구분	금속활자본	목활자본
글자모양 (字樣)	일정한 글자본에 의해 주형을 만들어 주조하였기 때문에 글자 모양이 같고 정연하다. 그러나 글본이 다르거나 주자방법이 다른 초기 및 민간활자인 경우는 동일한 글자라 하더라도 글자 모양이 다르므로 예외이다. 그리고 보주인 경우도 다소의 차이가 있으므로 또한 예외이다.	활자 하나하나가 글자본을 써서 뒤집어 붙이고 새겨 내기 때문에 동일한 글자라 하더라도 같은 글자 모양이 없고 조금씩 또는 각각 다르다. 민간활자는 글자 모양이 더욱 고르지 않고 조졸하다.
글자획 (字畵)	글자본에 의거 어미자를 정성껏 만들어 필요한 수만큼 찍어 부어 내기 때문에 글자획의 굵기가 고르고 일정하다. 그러나 어미자에 의한 주조방법을 쓰지 않은 초기 및 민간활자인 경우는 그다지 고르지 않다.	나무활자는 글자본을 일일이 써서 뒤집어 붙이고 새기기 때문에 굵기와 가늘기의 차이가 심하여 고르지 않다.
마멸 (磨滅)	금속활자는 오래 사용하면 글자획이 마멸되어 가늘어지고 일그러지지만 글자획은 떨어지지 않고 붙어 있다.	오래 사용하면 글자획이 닳아서 부분적으로 결되고 나무결이 생겨 인쇄가 조잡하다.
칼자국 (刻痕)	금속활자는 칼자국이 없다. 그러나 금속활자본에 섞인 나무보자는 예외이다.	글자획에 칼자국이 예리하게 나타나고 있으며, 경우에 따라서는 세로획과 가로획이 겹치는 곳에 칼이 스쳐간 자국이 나타나기도 한다.

너덜이 (鑄痕)	금속활자는 주조한 다음, 줄로 손질하기 때문에 대체로 글자 끝이 둥글둥글한 맛이 난다. 그러나 민간활자는 손질이 잘 안된 경우 너덜이 같은 흔적이 남아 있어 거친 것도 있다.	쇠붙이 활자가 아니기 때문에 너덜이 같은 것이 없다.
먹색 (墨色)	금속활자본은 유연먹을 사용하여 먹색이 일반적으로 진하지 않다.	목활자본은 송연먹을 사용한 경우 먹색이 일반적으로 진하다.
반점 또는 번짐	금속활자본은 유연먹을 썼기 때문에 글자의 먹색을 현미경으로 확대하여 보면 반점이 나타나고 있다.	목활자본은 먹색이 진하면서도 현미경으로 확대하여 보면 먹물이 주위에 번져 있다.

자료 : 천혜봉, 한국서지학. 민음사, 1992. PP. 189-193.

2. 훈민정음(訓民正音) 〔국보70호〕 1997년 세계기록유산 등록

조선 세종이 여러 학자들의 도움으로 1443년(세종25)에 창제 반포한 우리나라 글자로 한글창시때 명칭이다. 한글창제 당시에는 자모28자 이었으나, 현재는 24자이다.

제작경위 우리나라는 삼국시대부터 이두(吏讀)와 구결(口訣)을 써왔는데 구결은 본래 한문에 구두(句讀)를 떼는데 쓰기 위한 일종의 보조적 편법에 지나지 않았고 이두는 비록 우리말을 표시함에 일원성이 없어서 실사 이두로써 족하다 해도 한자(漢字)교육이 선행되어야 했다. 이러한 문자생활의 불편은 필경 한자를 안쓰고 어떠한 배우기 쉽고 쓰기 쉬운 새로운 글자의 출현이 절실히 요구되어 이러한 사조가 세종조에 특히 농후해져서 드디어 1443년 12월에 문자혁명의 결실을 보게 되었다. 이 훈민정음 창제의 취지에 관하여는 세종이 손수 저술한 훈민정음 예의편(例義篇) 첫머리에 잘나타나 있으니 첫째 국어는 중국말과 다르므로 한자를 가지고는 잘 표기할 수 없으며, 둘째 우리의 고유한 글자가 없어서 문자생활의 불편이 매우 심하고, 셋째 이런 뜻에서 새로 글자를 만들었으니 일상생활에 편하게 쓰라는 것이다.

백성을 가르치는 올바른 소리란 뜻의 훈민정음 즉 한글은 28자로 된 가나다순으로 오늘날에는 24자만 쓰이고 있다. 한국어를 완벽하게 표기할 수 있을 뿐 아니라 배우기와 사용하기에 매우 편리한 문자체계로 독창적이며 과학적이라 인정되고 있다.

훈민정음과 같은 유일한책이 훌륭한 내용으로 1446년에 출판된 것은 세계역사의 한 사건임에 틀림없다. 이러한 소중한 책이 비록 일부이지만 고스란히 전래의 것은 다행스런 일이다. 훈민정음은 한국의 국보이면서, 나아가 세계의 기록유산으로 영구히 보존되고 이용되어야 할 가치를 지니고 있다.

훈민정음은 한글창제 당시의 명칭이며, 한글의 특징은 1. 발음기관을 상영하여 만든 세계 유일의 음성문자이다. 2. 뛰어난 소리글자이다. 3. 구조가 조직적이고 체계적이다. 4. 만국공통의 국제적인 문자이다. 5. 국제한글 유성문자의 바탕이 된다. 6. 대단히 배우기 쉽고 기억하기 쉬운 글자이다. 그러므로 한글은 세계적인 문화유산이다. 한글은 겨레의 긍지를 드높인다. 펄벅은 세계에서 가장 뛰어나고 간단명료한 글자라고 극찬하였다.

훈민정음은 체계적이며, 단순하며, 배우기에 지극히 용이하다. 그러나 최소한의 단순한 자형의 닿소리와 홀소리의 조합으로 다양한 인간의 발성을 모두 망라해서 형상화시킬 수 있는 강점을 지니고 있다. 다시 말해서 경제적이며 효율적이며 능률적이다. 그러면서 그것은 천. 지. 인 삼재의 우주론과 음양오행의 우주원리를 매우 체계적으로 구상화시켰다. 한글은 한국인의 우주론의 가장 위대한 디자인이다. 아직 한국인의 디자인으로서는 한글처럼 웅장하고 단순하며 창조적인 업적은 없다. (김용옥, 도올 논어[3]. 통나무, 2001. p.356)

3. 승정원일기(承政院日記) 〔국보303호〕2001년 세계기록유산 등록

조선시대 승정원의 일기 3047책 1623년(인조1)부터 1894년(고종

31)까지 270여년분이 현존한다. 승정원의 주서(注書), 가주서(假注書)는 일기 작성이 그 소임이었고 매월의 일기는 다음달 안으로 완성하여 보존되었다. 원래 조선 개국 이래의 일기가 있었으나 임진왜란 때 전반부는 소실되었고 1744년(영조20) 및 1888년(고종25) 두 차례에 걸쳐 화재를 당하여 1747년(영조23)에는 1623년(인조1)에서 1721년(경종1)까지의 548책, 1899년에는 1851년(철종2)에서 1888년(고종25)까지의 361책이 개수되었다. 이 개수가 원본의 내용을 어느 정도 고친 것인지 알 수 없으나 당시의 공정기록인 비변사 등록, 일성록등과 더불어 귀중한 사료로서 그 가치는 실록을 능가하는 것으로 생각되고 있다. 갑오경장 뒤 승정원일기는 관제의 변경에 따라 승선원일기 · 궁내부일기 · 비서감일기 · 비서원일기 · 규장각일기 등으로 이름을 바꾸어 한일합방때까지 계속되었다.

4. 조선왕조실록(국보151호) 1997년 세계기록유산 등록

조선 태조 때부터 철종에 이르기까지 25대 472년간의 역사적 사실을 연월일순에 의하여 편년체로 기술한 기록이다. 별칭 조선실록 조선에서 실록을 편찬한 것은 1413년(태종13)에 태조실록 15권을 편찬한 것이 처음이며 1426년(세종8)에 정종실록 6권을 편찬하고 1431년(세종13) 태종실록 36권을 편찬한 후 태조·정종·태종의 3대 실록을 각2부씩 등사하여 1부는 서울의 춘추관, 1부는 고려시대로부터 실록을 보관하던 충주 사고에 보관하였다. 그러나 2부의 실록만으로는 그 보존이 매우 걱정되어 1445년(세종27)에 다시 2부씩 더 등사하여 전주·성주에 사고(史庫)를 신설하고 각 1부씩 나누어 보관하였으며, 이후 역대의 실록을 편찬할 때마다 출판하여 춘추관·충주·전주·성주의 4사고에 각 1부씩 보관하였다.

　　조선왕조실록의 특징은 첫째, 한 왕조의 역사적 기록으로 세계에서 가장 장구한 세월에 걸친 실록이다. 둘째, 가장 풍부한 내용을 담은 세계적인 역사서이다. 셋째, 기록이 다른 실록을 압도할 만치 다양한 가히 백과전서적 역사서라고 이해되고 있다. 조선시대의 정치·외교·사회·경제·학예·종교·천문·지리·음악·과학적 사실이나 자연재난이나 천문현상과 동북아시아 주변국가와의 외교적 관계가 수록되어 있는 조합사서요, 민족문화서인 것이다. 넷째, 역사기술에 있어 진실성과 신빙성이 매우 높은 역사 기록물이다. 다섯째, 활자로 인쇄 간행된 한국 인쇄문화의 전통과 높은 문화수준을 보여주는 역사서이다. 여섯째, 조선말기까지 이들 실록이 완전하게 보존되어 온 것도 세계적으로 유례를 찾아보기 힘든 일이다.

조선왕조실록 일람표

왕대	명 칭	권수	책수
1	태조실록	15	3
2	정종실록	6	1
3	태종실록	3	16
4	세종실록	163	67
5	문종실록	12	6
6	단종실록	14	6
7	세조실록	49	18
8	예종실록	8	3
9	성종실록	297	47
10	연산군일기	63	17
11	중종실록	105	53
12	인종실록	2	2
13	명종실록	34	21
14	선조실록	221	116
14	선조개수실록	42	8
15	광해군일기	187	64

15	광해군일기	187	40
16	인조실록	50	50
17	효종실록	21	22
18	현종실록	22	23
18	현종개수실록	28	29
19	숙종실록	65	73
20	경종실록	15	7
20	경종개수실록	5	3
21	영조실록	127	83
22	정조실록	54	56
23	순조실록	34	36
24	헌종실록	16	9
25	철종실록	15	9

조선왕조실록 관계자료

김용삼, (재미로 읽는)조선왕조실록. 3권. 월간조선사, 2004.

한일관계사학회, 조선왕조실록 속의 한국과 일본. 경인문화사, 2004.

이재황, (사족이와 함께 떠나는)조선왕조실록 여행. 청간미디어, 2002.

KBS〈TV조선왕조실록〉제작팀, (책으로보는 TV)조선왕조실록1-3. 3책. 가람기획, 2001.

한국정신문화연구원, 조선왕조실록 미술기사 자료집: 서화편. 3책. 한국정신문화연구원, 2001.

이성무, 조선왕조실록 어떤 책인가: 유네스코지정 세계기록유산. 동방미디어, 1999.

동국대학교 불교문화연구원, 조선왕조실록 불교사료집. 4책. 한국정신문화연구원, 13책.

제일정신, 1997.

노회찬, 어 ,그래? : 조선왕조실록. 일빛, 1997.

박영규, (한권으로 읽는)조선왕조실록. 들녘, 1996.

한국정신문화연구원, 조선왕조실록 인물사료. 2책. 한국문화사, 1994.

(평양)사회과학원민족고전연구소 번역. 이조실록. 399책. 여강출판사, 1993.

오함, 이조실록 중 중국관련사료. 신학문사, 1994.

東京大學교 文學部, (朝鮮王朝實錄抄)滿蒙史料. 15책. 영인본. 경인문화사, 1989.

김봉옥, (朝鮮王朝實錄中)耽羅錄. 제주문화방송, 1986.

안휘준, 朝鮮王朝實錄의 書畵史料. 한국정신문화연구원, 1983.

손경자. 김영숙, 한국복식사 자료선집, 조선편. 1,2 교문사, 1982.

吳含, 朝鮮王朝實錄中 的 中國史料=朝鮮王朝實錄抄 中國史料. 12冊. 中華書局, 1980.

李朝實錄. 6冊. 學習院 東洋文化硏究所, 1957.

朝鮮王朝實錄. 49冊. 國史編纂委員會, 1955.

11. 세계무형유산

종묘제례 및 종묘제례악(중요무형문화재 제56호)
2001년 세계무형유산 선정

종묘제례 중요무형문화재 제56호.
 종묘제례란 종묘에서 행하는 제향의식으로, 조선시대의 나라제사중 규모가 크고 중요한 제사였기 때문에 종묘대제라고도 한다. 종묘는 조선시대 역대 왕과 왕비, 그리고 나라에 공적이 있는 공신들의 신주를 모셔 놓은 사당으로, 사직과 더불어 국가의 근본을 상징하는 가장 정제되고 장엄한 건축물이다. 종묘 정전의 19개 신실에는 태조를 비롯한 19분의 왕과 왕비 30분의 신주가 모셔져 있으며, 영녕전 16실에는 추존된 왕과 왕비의 신위 등 33분의 신주가 봉안되어 있다.

종묘제례는 왕실에서 거행되는 장엄한 국가제사이며, 임금이 친히 받드는 존엄한 길례였다. 종묘제례는 크게 정시제와 임시제로 나뉘며, 계절에 따라 햇과일과 곡식을 올리는 천신제도 있었다.

정시제는 봄. 여름. 가을. 겨울의 첫달인 1월. 4월. 7월. 10월과 납일(12월에 날을 잡아 지내는 섣달제사)에 지냈으며, 임시제는 나라에 좋은 일과 나쁜 일이 있을 때마다 지냈다. 이러한 종묘제례는 해방이후 한 때 폐지되었다가 1969년부터 전주이씨 대동종약원이 행사를 주관하여 현재는 매년 5월(양력)첫번째 일요일에 봉행되고 있다.

제례는 1) 신관례 2) 초헌례 3) 아헌례 4) 종헌례 5) 음복례 6) 망료의 순으로 진행된다.

종묘제례악(중요무형문화재 제1호)

종묘제례악은 조선의 역대 임금과 왕비의 위패를 모신 종묘에서 제사를 드릴 때 의식을 장엄하게 치르기 위하여 연주하는 기악과 노래. 춤을 말한다. 이는 조선 세종 때 궁중연회에서 사용하기 위해 만들어 졌던 보태평(保太平)과 정대업(定大業)에 연원을 두고 있으며, 세조10년(1464)

제례에 필요한 악곡이 첨가되면서 종묘제례악으로 정식 채택되었다.

우리 민족의 소리인 「판소리」는 2003년 11월 유네스코 선정 인류 무형유산으로 지정되었다.

| 연습문제 |

1. 세계문화유산에 관하여 설명하시오.
2. 세계문화유산 종류에 관하여 설명하시오.
3. 세계문화유산의 지정기준에 관하여 설명하시오.
4. 유네스코 지정 한국문화유산에 관하여 설명하시오.
5. 석굴암에 관하여 설명하시오.
6. 팔만대장경에 관하여 설명하시오.
7. 창덕궁과 종묘에 관하여 설명하시오.
8. 수원의 화성에 관하여 설명하시오.
9. 고인돌유적에 관하여 설명하시오.
10. 한국 세계기록유산에 관하여 설명하시요.
11. 한국 세계문헌자료유산에 관하여 설명하시요.
12. 조선왕조실록에 관하여 설명하시요.
13. 한국 세계무형유산에 관하여 설명하시요.

12. 세계유산한국 잠정목록

삼년산성

충청북도 보은군 보은읍 어암리 오정산에 있는 신라시대의 석축산성. 둘레 1680m. 사적 제235호.

오정산의 능선을 따라 문지(문지(門址) 4개소, 옹성 7개소, 우눌터 5개소와 교란된 수구지(水口址)등의 시설이 갖추어져 있다. 이 성은 470년(자비왕13)에 축조되었으며, 486년(소지왕8)에 개축되었다. 그리고 삼국시대에는 삼년군. 삼년산군으로 불렸기 때문에 삼년산성으로 불린듯 하나 (삼국사기)에는 성을 쌓는데 3년이 걸렸기 때문에 삼년산성이라 부른다고 기록되어 있다.

한편 (세종실록) 지리지에는 오항산성으로, (동국여지승람). (충청북도읍지)에는 오정산성으로 기록되어 있다.

공주 무령왕릉

백제 제25대 무령왕과 왕비의 능. 충청남도 공주시 금성동에 위치해 있다. 웅진시대 백제의 고분들로 이루어진 송산리 고분군 가운데 전축분(塼築墳)인 6호분과 석실분(石室墳)인 5호분의 가운데 뒷면에서 남쪽을 향해 자리잡고 있다. 1971년 7월 5호의 석실분과 6호 전축분의 침수를 방지하기 위한 배수로 작업을 하던 중 발견되어 발굴조사 되었다.

강진도요지

전라남도 강진군 도요지 대구면 용운리, 계율리, 사당리, 수동리 일대에는 고려시대에 청자와 토기를 구웠던 가마터가 180여개소에 집단으로 분포되어 있는데 이 가운데 보존상태가 좋은 98개소를 사적으로 지정 관리하고 있다. 남쪽은 바다와 가까워 해로를 통한 수송이 발달했고, 북으로는 크고 작은 산과 가까워 땔감이 풍부하였다. 또한 도자기의 원료인

고령토와 규석이 산출되어 도자기를 만들기에 좋은 조건을 갖추고 있다.

　　용운천 상류에 위치한 용운리에는 75개소의 가마터가 남아 있고, 이 중 몇 곳을 제외한 대부분의 가마터는 10세기후반에서 11세기 중엽에 걸쳐 성립된 초기 청자 가마로서 청자의 기원과 초기청자의 특징을 밝힐 수 있는 지역으로 중요하다.

설악산 천연보호구역

　　설악산 천연보호구역은 강원도의 인제군, 양양군, 속초시에 걸쳐 넓게 펼쳐져 있다. 설악이란 이름은 주봉인 대청봉이 1년중 5-6개월 동안 눈에 덮여 있어서 붙여진 이름이라고 한다. 설악산은 163.6㎢에 달하는 지역이 천연보호구역으로 지정되어 있으며, 최고봉인 1,708미터의 대청봉을 비롯해 1,200미터를 넘는 높은 봉우리들로 이루어져 있다.

　　연평균 기온이 10°C를 넘지 않는 저온지대에 속하며, 연 강우량은 내설악이 1,000mm정도, 외설악이 1,300mm정도이다. 설악산은 화강암과 현무암의 차별침식의 결과로 나타난 웅장한 경관을 보여주고 있다. 설악산의 광대한 자연경관은 이러한 지리적 특징이 그 요인으로 꼽힌다.

　　설악산 천연보호구역은 다양한 식물상의 분포를 보여준다. 천연보호구역 내의 식물은 약 1,013종의 식물이 분포하는 것으로 알려져 있다. 주로 신갈나무, 당단풍나무, 졸참나무, 서어나무 등의 활엽수림과 소나무, 잣나무, 분비나무 등의 침엽수림이 섞여 숲을 이룬다. 그 밖에 금강배나무, 금강봄맞이, 금강소나무, 등대시호, 만리화, 눈설악주목, 설악아구장나무, 설악금강초롱, 솜다리 등 특산물 65종, 눈측백 노랑만병초, 난쟁이붓꽃, 난사초, 한계령풀 등 희귀식물 56종이 보고되어 있다.

안동 하회마을

안동하회마을은 조선시대 중기인 1600년대부터 풍산 유씨들이 모여 주택과 서원 등을 건축하고 마을을 구성하여 조성된 풍산 유씨의 집성촌으로, 역사적 배경을 지니고 있는 전통가옥과 하회별신굿 등의 전통문화를 이어가기 위해 보존해야 할 유산이다. 집성촌은 혈연을 집단으로 하는 같은 성씨의 집단들이 일정한 장소에 마을을 형성하게 된다. 이러한 집성촌은 조선시대 500여년간에 전국적으로 여러곳에 형성되었으나, 오늘날에는 대부분 소멸되거나 변형됨으로써 그 본래의 모습을 찾아볼 수 없다. 그러나 안동하회마을은 풍산유씨의 집성촌으로 원형을 그대로 보존하고 있고, 이곳에 지어진 양진당과 충효당, 북촌댁 등은 건축적으로 빼어난

작품이면서, 당시의 양반주거 문화를 대표하고있으며, 병산서원은 서원 건축의 백미를 이루고 있다. 또 보존된 징비록이나 하회탈 그리고 별신굿과 즐불놀이 또한 이 마을에서만 찾아볼 수 있는 유일한 것이다.

월성 양동마을

양동마을은 신라의 고도 경주에서 형상강을 따라 동북쪽으로 16km에 위치한 국가중요민속자료 제189호로 지정된 조선시대 마을이다. 옛날에는 지금보다 형상강의 수심이 깊어 선박이 자유롭게 왕래하여 해산물도 풍부하였고 서북쪽에 펼쳐진 안강평야는 구신분제도 사회에서 많은 소작인과 하인들을 거느린 양반들이 살기에는 알맞은 곳이기도 하였다.

현재의 마을 구성은 양민공 손소(襄敏公 孫昭)(1433-1484)가 유복하(柳復河)의 외동딸과 혼인하여 풍수적으로 매우 좋은 길지(吉地)에 월성손씨 종가(서백당(書百堂)를 지으면서 시작되었고 그 후 양민공의 딸은 여강이씨 번(麗江李氏 蕃)에게 출가하여 훗날 동국십팔현(東國十八賢)의 한사람인 이언적(李彦迪)을 낳음으로서 외손이 번성했던 마을이기도하다. 양동마을에는 월성손씨의 종가인 서백당(西百堂)과 여강이씨의 종가인 무첨당(無?堂)을 비롯하여 관가정(觀稼亭), 향단(香壇) 등 조선시대 양반주택들과 양반들을 모셨던 하인들이 살았던 초가집들, 이향(二香亭), 심수정(心水亭) 등의 정자들, 그리고 자녀들을 공부시킨 서당인 강학당(講學堂) 등 조선시대를 대표하는 옛건물들이 지금도 잘 보존되고 있으며, 조선시대부터 이어져 온 민속도 잘 보존되고 있다.

남해안일대 공룡화석지

한국은 중생대 백악기에 세계최대 규모의 공룡발자국화석 산지이며, 매우 넓은 규모이면서 보존상태가 완벽한 공룡알 화석산지, 세계최대규모의 익룡 발자국 화석과 세계에서 가장 오래된 물갈퀴새 발자국 등이 특징적이다. 또한 규화목, 각종 생흔화석과 건열, 연층 등의 퇴적구조와 함께 아름다운 천혜의 자연환경을 가지고 있다.

해남 화석지는 약 500여개의 공룡발자국, 400여개의 익룡발자국, 1,000여개의 새발자국, 규화목, 생흔화석 등이 발견된 지역이다.

보성화석지는 보존상태가 완벽한 공룡알 및 공룡알둥지로 약 3km 해안에 걸쳐 넓게 분포되어 있는데 알둥지 17여개에서 공룡알 150여개 산출되었다. 특히, 지름 1.5m인 세계적 규모의 공룡알 둥지도 있다.

화순 화석지는 중생대 백악기 후반기의 육식공룡(수각류) 발자국들이 약 20여개의 매우긴 보행렬(최대52m)을 가지고 나타난다. 이곳 공룡 발자국은 약 1,000여점 이상으로 육식공룡 발자국의 긴 보행렬로는 세계적으로 희귀하다.

여수 화석지는 사도, 추도, 낭도, 적금도, 목도 등 5개섬 지역의 백악기 퇴적층에 광범위하게 분포되어 있다. 지금까지 3,546점의 공룡발자국이 발견되어 양적인 면에서 세계적 규모일 뿐만 아니라 세계최대길이로 평가되는 조각류 공룡발자국 84m 보행렬이 있다.

고성 덕명리 화석산지에서는 총 420여개의 발자국 보행렬에 약 3,800여개의 공룡발자국이 산출되었는데 양적으로나 다양성에 있어서 세계적이다. 그리고 공룡들의 발자국들이 무질서하게 나타나 전형적인 공란구조를 보이는 곳도 있다.

남해안 일대 공룡화석지는 대부분 바닷가이고 다도해 해상국립공원과 연계되어 있어 잘 보존되고 있으며, 거대한 공룡공원 으로서 한국의 공룡화석지를 대표할 수 있다.

제주도 자연유산지구

제주도는 한반도에서 약 130km 남쪽에 위치한 화산도로서 면적은

1,846㎢이고 중앙에는 해발고도 1,950m 의 한라산을 중심으로 섬 전체가 흑갈색의 화산암과 화산토로 덮혀있다. 제주도의 화산활동은 약 120만년전부터 시작하였고 산정의 화구호인 백록담은 약 2.5만년 전에 형성되었다.

한라산 천연보호구역을 중심으로하여 동북사면상의 기생화산군(개월오름-바늘오름-산굼부리거문악-알밤오름-체오름)과 용암동굴지대(반티굴-만장굴-금편사굴-당처물동굴)서남사면의 법정악-병악-산방산-송악산 지대와 오백나한 자연경관 등은 제주도의 형성과정을 이해하는데 귀중한 자료를 제공하며 자연유산적 가치가 우수하다.

제주도에는 오름 이라고 불리는 약 360여개의 측화산이 있어 독특한 경관을 보여주고 있으며, 특히 산굼부리 분화구는 특이한 모양과 식물상으로 유명하다. 또한 제주도에는 천연용암동굴이 세계적인 규모로 존재하는데, 이중 만장굴은 총길이 8,924m로 세계적규모의 화산동굴로서, 동굴속 지형 지물들의 규모와 특수성 또한 세계적이며, 당처물 동굴은 석회질 석순 등 2차 생성물이 다양하고 화려하게 발달해 있다. 이러한 제주도의 동굴은 학술, 문화, 산업, 및 관광자원의 면에서 매우 중요하다. 즉 제주도는 수많은 측화산 및 용암동굴의 존재로 인하여 지구의 화산생성 과정을 연구하는데 있어서 매우 큰 학술적인 가치를 가지고 있다.

| 참고문헌 |

김동욱. 수원화성. 대원사, 1989.

김동욱, 김종섭. 종묘와 사직. 대원사, 1990.

김상현, 김동현, 곽동석. 불국사. 대원사, 1997.

변광현. 고인돌과 거석문화. 미리내, 2000.

삼성문화재단. 종묘. 삼성문화재단, 1998.

세계유산여행. 교학사, 2001.

신영훈. 경주남산. 조선일보사, 1999.

신영훈. 석불사. 불국사. 조선일보사, 1998.

신영훈. 수원의 화성. 조선일보사, 1998.

윤경렬. 김구석. 윤열수. 경주남산. 대원사, 1989.

유네스코세계유산: 동아시아. 러시아. 중앙일보, 2000.

이재창, 장경호, 장충식. 해인사. 대원사, 1993.

이영문. 고인돌 이야기. 다지리,2001.

이형구. 강화도. 대원사, 1994.

장순용, 김종섭. 창덕궁. 대원사, 1990.

조현진. 문화재 답사로 친해지는 방법. 교학사, 2000.

천혜봉. 한국서지학. 민음사, 1992. 개정증보판, 1999.

황수영. 불국사와 석굴암. 세종대왕기념사업회, 1979.

한국불교연구원. 해인사. 일지사, 1974.

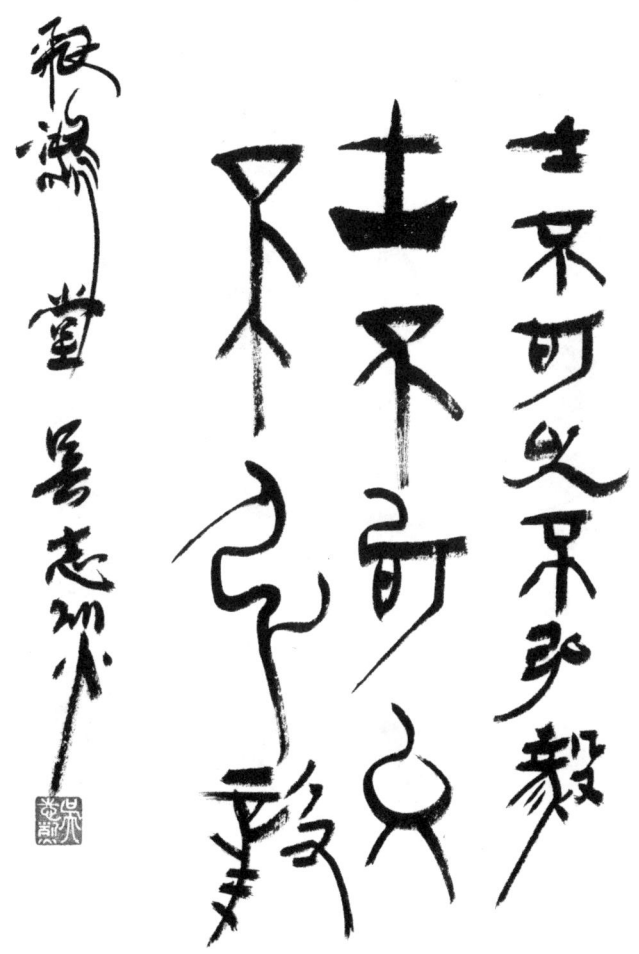

1. 사불가이 불홍의 士不可以 不弘毅
   선비는 항상 의지가 꿋꿋하고, 넓어야 한다. (논어)

2. 고운 최치운 시.(고운 야학)
　　스님아 청산이 좋다 말하지 마오
　　산이 좋으면 왜 산에서 나오는가.
　　나는 훗날 한번 산에 들어가면
　　다시는 나오지 않으리

3. 청골 靑骨 : 맑은 정신

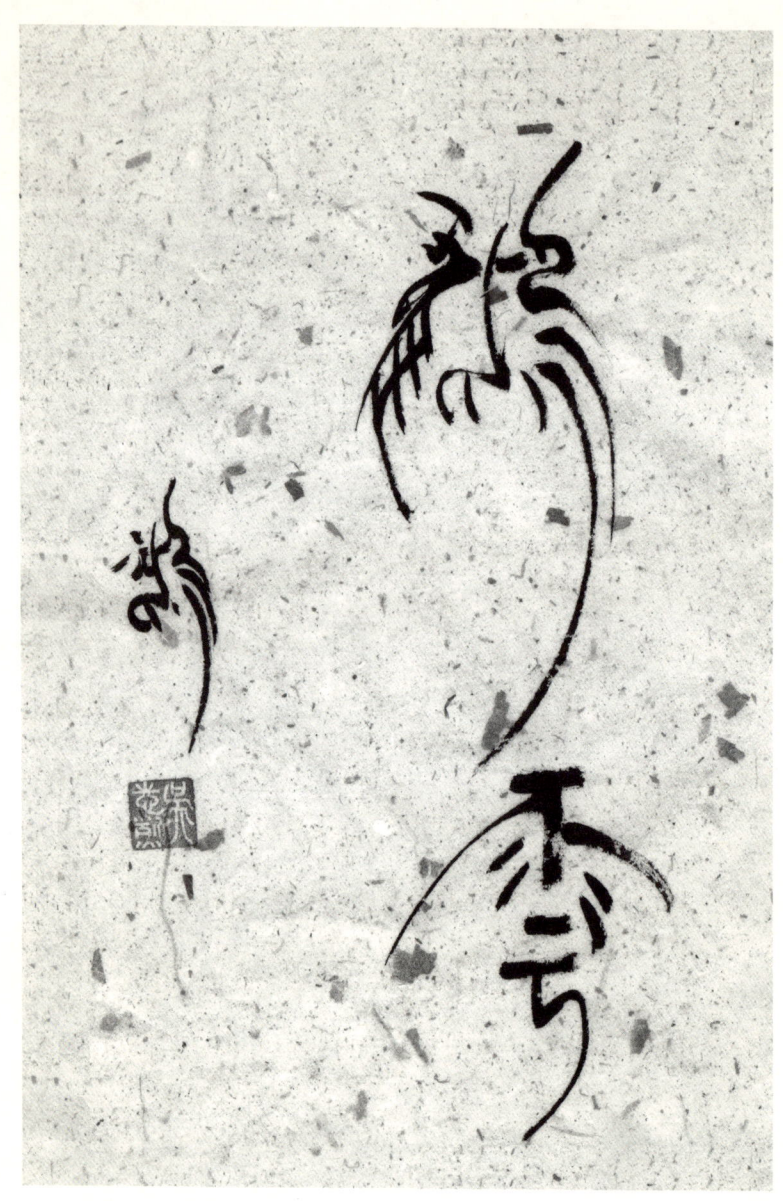

4. 학운 學雲 : 학이 구름 몰고 온다. 즉 서기가 들어 온다.

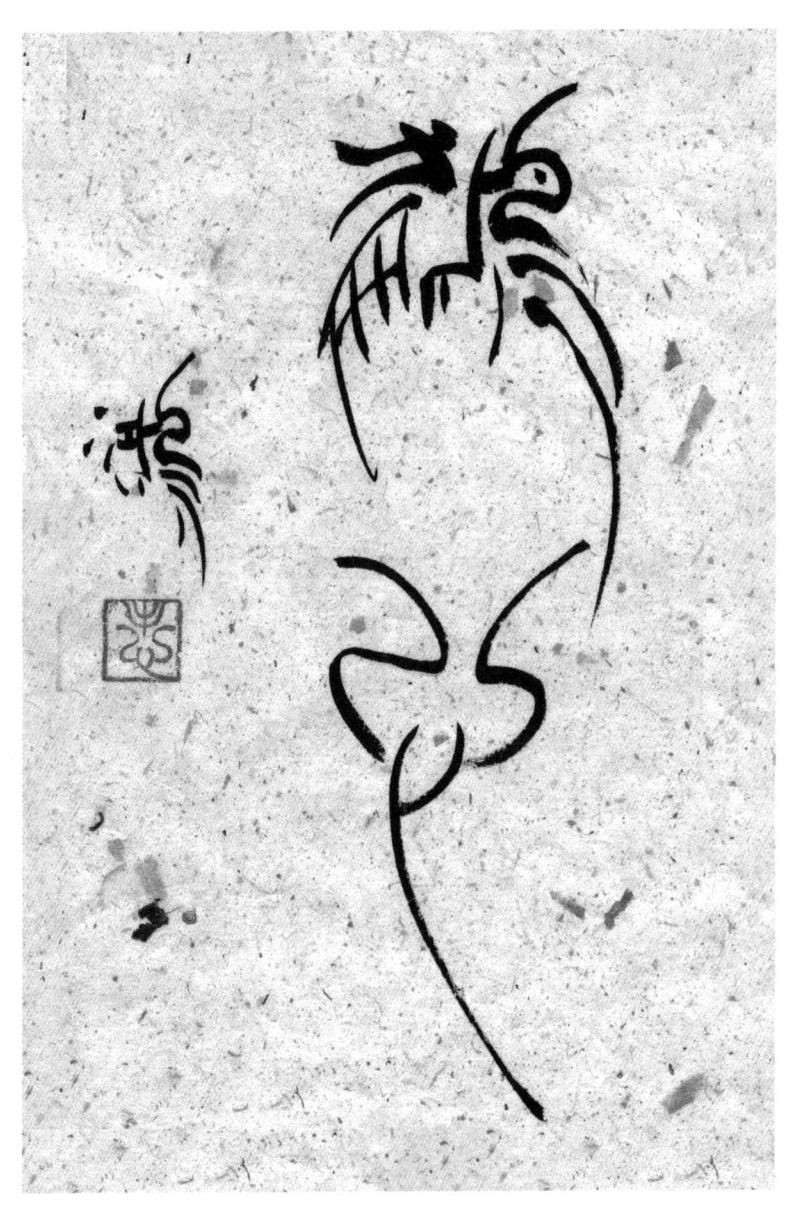

5. 학심 鶴心 : 학의 마음

6. 견천 見天 : 하늘을 바라본다. (大心)

7. 호서 好書 : 책을 좋아한다.

8. 서악 書樂 : 책을 읽음으로써 즐거워한다.